LA ESCRITURA EN LA PARED

LA ESCRITURA EN LA PARED

SECRETOS de las PROFECÍAS de DANIEL

Dr. David Jeremiah

CON C. C. CARLSON

 Vida

LA ESCRITURA EN LA PARED
Edición en español publicada por
Editorial Vida – 2020
Nashville Tennessee
© 2020 por Editorial Vida
Este título también está disponible en formato electrónico.

Originalmente publicado en E.U.A. con el Título:
The Handwriting on the Wall
Copyright © 2019 por el doctor David Jeremiah y C. C. Carlson
Publicado por W Publishing, una marca de Thomas Nelson.
Publicado en asociación con Yates & Yates, www.yates2.com
Todos los derechos reservados.
Prohibida su reproducción total o parcial.

Editora en jefe: *Graciela Lelli*
Traducción, edición y adaptación del diseño al español : *Grupo Scribere*

ISBN: 978-1-40022-301-5
Ebook: 978-1-40022-299-5

CATEGORÍA: Religión / Estudios bíblicos / Profecías

IMPRESO EN ESTADOS UNIDOS DE AMÉRICA
PRINTED IN THE UNITED STATES OF AMERICA

20 21 22 23 24 25 LSC 9 8 7 6 5 4 3 2 1

A los hombres y las mujeres que cada semana oran y sueñan conmigo
durante la reunión del personal directivo de la iglesia
Shadow Mountain Community Church

CONTENIDO

CONTENIDO

PARTE 3: EL FUTURO DE ISRAEL

INTRODUCCIÓN

En una época de preguntas, ¿dónde están las respuestas? ¿Hacia dónde va nuestro mundo? ¿Son los absolutos morales relevantes en nuestra sociedad? ¿Ha cesado la carrera armamentista y se ha alcanzado la paz en nuestra era, o es esta la calma que precede la tormenta?

Vemos las noticias y nos indignamos por otro escándalo nacional u otro conflicto internacional que nos deja dando vueltas como una nave espacial fuera de control. Y nos preguntamos, ¿por qué Dios, por qué suceden estas cosas?

Cuando comencé a estudiar la Biblia, hace muchos años, uno de los personajes más interesantes que encontré fue Daniel. No entendía muchas de sus profecías, ni sabía si eran aplicables a mi vida, pero a medida que se han desarrollado los acontecimientos de nuestra era, he comprendido que su historia tiene un significado tan trascendental que debemos sacarlo del foso de los leones y descubrir cómo su mensaje se relaciona con nuestra propia existencia y época.

Si queremos entender hoy lo que sucederá en el futuro, debemos tener muy presente los libros de Apocalipsis y de Daniel y no perder de vista su verdadera importancia mientras vivimos estos emocionantes y fatídicos días.

El Libro de Daniel trata un tema tan sencillo que las mentes más brillantes del mundo no han sido capaces de comprenderlo. La idea es simplemente que Dios está al mando. Nadie lo comprendió mejor que Daniel. Hace siglos descifró una extraña escritura que apareció en una pared.

Hoy, más que en cualquier otro momento de la historia, deberíamos ser capaces de observar nuestro desconcertante planeta y afirmar que también somos capaces de ver la escritura en la pared.

PARTE 1

PRÓLOGO

UN PROFETA PARA NUESTRO TIEMPO

l memorándum decía «ultrasecreto». Todas las personas que se encontraban en el Despacho Oval habían recibido la orden de llegar puntualmente a las 8 de la mañana. Nadie debía saber, mucho menos la CNN, que se había convocado al presidente de Estados Unidos, al vicepresidente, al Estado Mayor Conjunto, al Consejo de Seguridad Nacional, a los líderes del Congreso y a miembros seleccionados del gabinete para esta reunión informativa ejecutiva. El objetivo era escuchar un pronóstico futurista del auge y la caída de las principales naciones de nuestro mundo, y de sus líderes. No era una reunión sobre estrategia, sino la revelación del destino del mundo.

El presidente se mostró más serio que nunca. Se sentó frente a sus asesores, hombres y mujeres de aguda inteligencia a quienes había confiado decisiones que podían afectar a millones de personas. Con los dedos unidos debajo de su barbilla, parecía estar orando. Su actitud era comprensible en vista de la situación mundial. Cuando hizo una señal a un guardia armado, se abrió una puerta y un hombre entró. El individuo dudó por un momento y recorrió con su mirada la ilustre concurrencia de importantes militares y políticos. El presidente le señaló una silla frente al pulido escritorio ejecutivo. El hombre tomó su asiento frente a los asesores presidenciales de la nación más poderosa de la tierra.

El secretario de Estado se aclaró la garganta. El presidente del Estado Mayor Conjunto se secó la frente con nerviosismo. El secretario de defensa miró sus zapatos brillantes. La tensión era grande.

«Caballeros —dijo el presidente con sobriedad— están a punto de escuchar el futuro de nuestro mundo. Escuchen con atención, porque sus vidas están en juego».

¿QUIÉN ERA ESTE HOMBRE?

¿Es esta una situación imaginaria, o podría ocurrir algún día? Lo que hoy es ficción mañana podría convertirse fácilmente en realidad.

Esta escena ocurrió en otro país con diferentes actores. Un hombre, inspirado por Dios, profetizó con precisión el surgimiento y la caída de los imperios y sus gobernantes. Los eruditos se han burlado y los escépticos lo han desacreditado, pero la historia corrobora sus palabras y el futuro confirmará sus predicciones. Creer o no creer lo que este hombre profetizó podría cambiar nuestras vidas para siempre.

¿Quién fue este hombre? Algunos de sus críticos afirman que escribió su libro de profecías e historia después de ocurridos los hechos. Podrían compararlo con los miembros del contemporáneo Procrastinators Club [Club de los Postergadores], quienes predijeron el 1 de enero de 1992 que la guerra del golfo Pérsico terminaría en 1991, que Gorbachov caería y que la Unión Soviética se desintegraría. «Justo ahora encontramos el tiempo para hacer nuestras predicciones», expresó el presidente del club.

Este hombre fue Daniel. Sin embargo, por mucho que sus críticos han tratado de desacreditarlo y menospreciar su libro, han fracasado miserablemente. Sus nombres han quedado en el olvido, mientras que Daniel perdura como un hombre de gran integridad y profunda piedad.

No podemos verlo hoy simplemente como el hombre que estuvo en el foso de los leones o como un visionario de sueños surrealistas. Conocer a Daniel es aprender a vivir hoy y ver el futuro con confianza.

Su libro no es solo la biografía de alguien que debemos conocer, sino un resumen de nuestro futuro. No son las imágenes de una bola de cristal ni el balbuceo de un clarividente, sino la verdad contenida en la Biblia.

DANIEL EN EL ESTRADO DE LOS TESTIGOS

Los fiscales que acusan a Daniel son los eruditos liberales que se sienten incómodos con él y hacen todo lo posible por destruir su credibilidad. Su libro ha sido más atacado que el Génesis. Según sus críticos, la profecía es algo imposible. No se puede predecir lo que sucederá en el futuro; por lo tanto, un texto que contenga predicciones debe haber sido escrito después de ocurridos los hechos. Afirman que es un libro de ficción escrito como profecía para hacerlo más interesante a los lectores.

Cuando estos fiscales presentan su caso ante el jurado, utilizan, se den cuenta de ello o no, las conclusiones de un hombre llamado Porfirio que vivió hacia el año 233 a. d. Porfirio escribió quince volúmenes cuyo revelador título era *Contra los cristianos*. Se convirtió en politeísta, lo que significa que abrazó muchos dioses y los adoró. Daniel fue uno de los principales objetivos de sus ataques. Hizo todo lo posible para demostrar que el Libro de Daniel se escribió alrededor del 165 a. c., y que todos los acontecimientos que en él se profetizaron se escribieron después de haber ocurrido.

TESTIMONIO DE LOS CONTEMPORÁNEOS DE DANIEL

Cuando Ezequiel sube al estrado de los testigos, está muy seguro de la existencia de Daniel y de sus escritos, pues fueron vecinos en Babilonia. Si los fiscales no creen a Daniel, entonces también tienen problemas con Ezequiel.

El Señor me dirigió la palabra: «Hijo de hombre, si un país peca contra mí y persiste en su infidelidad, yo levantaré mi mano contra él; le quitaré las provisiones, lo sumiré en el hambre, y arrasaré a sus habitantes y a sus animales. Y aun si Noé, Daniel y Job vivieran en ese país, solo ellos se salvarían por su justicia. Lo afirmo yo, el Señor omnipotente». (Ez 14:12-14)

Si los fiscales no saben qué hacer con Daniel, tendrán que llamar también a Noé y a Job al estrado de los testigos.

En Ezequiel 28:3, Dios se dirige al rey de Tiro y le pregunta: «¿Acaso eres más sabio que Daniel?...». No menciona a Salomón, que generalmente se considera el hombre más sabio que ha vivido, sino que nombra a Daniel. Aquí se manifiesta lo que Dios pensaba de él.

EL TESTIMONIO DE LOS ARQUEÓLOGOS

Si los fiscales no pueden desacreditar al testigo, entonces buscan contradicciones en su testimonio. El primer y el segundo versículos de Daniel afirman que Nabucodonosor, el gobernante de Babilonia, se llevó algunos de los utensilios del templo de Jerusalén y los puso en el tesoro del templo de su dios.

«Nunca hemos oído hablar de eso —afirma la fiscalía— Es una costumbre completamente desconocida. No podemos encontrar ninguna referencia en la historia antigua a tal práctica».

De repente los arqueólogos irrumpen en la sala, sacuden la tierra de sus manos y colocan sus palas y tamices delante del juez. Descubrieron una inscripción que demuestra que Nabucodonosor siempre guardó su mejor botín en el templo de su dios. Era uno de los hábitos característicos del rey.

En el primer capítulo de Daniel hay una referencia a un individuo llamado Aspenaz, quien era jefe de los oficiales. La fiscalía afirma: «Nadie ha oído hablar de este tipo. Es solo otro personaje ficticio de la fantasía de Daniel».

Durante el último siglo, se ha encontrado el nombre de Aspenaz en monumentos de la antigua Babilonia. En las inscripciones se puede leer: «Aspenaz, jefe de los eunucos en la época de Nabucodonosor».

Si la fiscalía logra que el acusado se confunda con los detalles, puede poner en duda su credibilidad. A los opositores de la Palabra de Dios les encanta decir: «Pero la Biblia se contradice a sí misma».

En el capítulo 5 del Libro de Daniel se cuenta la historia de Belsasar, rey de Babilonia. Allí se dice que fue asesinado durante un banquete en el que bebió hasta emborracharse la noche que cayó la ciudad. La historia secular afirma que el rey de Babilonia en ese momento era Nabónido. ¿Quién tiene razón? Nadie sabía cómo conciliar estos dos relatos hasta que Sir Henry Rawlinson descubrió una inscripción en un cilindro encontrado en el río Éufrates. El hallazgo aclaró el problema. En esta etapa de la vida de Daniel hubo dos reyes de Babilonia, un padre y un hijo. Nabónido, que ocupaba una fortaleza en las afueras de la ciudad, tenía como corregente a su hijo mayor, Belsasar, y le permitía usar el título real. Belsasar fue asesinado mientras defendía la ciudad; a Nabónido se le perdonó la vida. Este detalle aclara lo expresado en Daniel 5:29: «Entonces Belsasar ordenó que se vistiera a Daniel de púrpura, que se le pusiera una cadena de oro en el cuello, y que se le nombrara tercer gobernante del reino».

Daniel fue nombrado tercer gobernante porque ya había otros dos, Nabónido y Belsasar. Entonces los fiscales regresan a sus asientos y buscan más pruebas incriminatorias para acusar a Daniel.

EL TESTIGO PRINCIPAL

Cuando esta persona sube al estrado, la fiscalía no sabe qué hacer. En Mateo 24:15, Jesús expresó: «Así que cuando vean en el lugar santo "la terrible abominación", de la que habló el profeta Daniel».

Jesús afirma que el profeta Daniel escribió sobre la terrible abominación en las escrituras del Antiguo Testamento. Declara que Daniel fue real. Con ese testimonio, sé que puedo revisar el Libro de Daniel y descubrir su verdad con la plena confianza de que tengo la palabra de Dios en mis manos.

La defensa ha terminado su alegato.

EL TEMA DE DANIEL

Cuando Dios quiere que se haga Su trabajo, recurre a Sus hijos. Jesús dijo: «Hagan brillar su luz delante de todos, para que ellos puedan ver las buenas obras de ustedes y alaben al Padre que está en el cielo» (Mt 5:16).

A la mayoría de nosotros nos gustan los elogios. Exhibimos en la pared nuestros trofeos, premios y condecoraciones. Nos encanta el aplauso del público. No hay nada malo en ello. Pero eso me recuerda a Corrie ten Boom, a quien le costaba trabajo aceptar toda la adulación que recibió después del éxito de sus libros y la película sobre su vida. Entonces oró al respecto, y «el Señor le mostró una hermosa manera de usar los homenajes y los elogios: cada uno representaba una hermosa flor, y luego, por la noche, los agrupaba todos en un hermoso ramo y se los devolvía a Jesús, con estas palabras: "¡Mira, Señor, a ti te pertenecen!"».[1]

Tampoco Daniel buscó reconocimiento personal, aunque era inteligente, perceptivo, fuerte y sensible. Su libro revela mucho de su carácter, pero el tema no es su grandeza, sino que «el Altísimo es el soberano de todos los reinos del mundo, y que se los entrega a quien él quiere» (Dn 4:25).

El Libro de Daniel tiene una visión muy elevada de la soberanía de Dios. El tema es que hay un Dios en el cielo. El libro reitera que es el gran Dios, es el Dios de los dioses, el Rey del cielo. Cuando entendemos ese tema predominante, podemos ver cómo Dios usa a algunas personas para Sus propósitos, incluso cuando no son Sus propios hijos. Por ejemplo, en Daniel 1:1-2 leemos: «En el año tercero del reinado del rey Joacim de Judá, el rey Nabucodonosor de Babilonia vino a Jerusalén y la sitió. El Señor permitió que Joacim cayera en manos de Nabucodonosor».

Nabucodonosor pensó que había capturado la ciudad. *El Diario de Babilonia* probablemente publicó en primera plana: «Nabucodonosor conquista al rey de Judá». Pero no, no lo hizo. Dios le dio esa victoria.

Cuando Daniel interpretó el sueño de Nabucodonosor, expresó: «Su Majestad es rey entre los reyes; el Dios del cielo le ha dado el reino, el poder, la majestad y la gloria» (Dn 2:37). ¿Cómo llegó Nabucodonosor, un rey malvado y déspota, al trono de Babilonia? Es sencillo. El Dios del cielo le dio ese puesto.

Luego, cuando Daniel habló con Belsasar, le dijo: «El Dios Altísimo dio al rey Nabucodonosor, padre de usted, grandeza, gloria, majestad y esplendor» (Dn 5:18). Dios a veces usa incluso a los peores hombres para llevar a cabo Su voluntad. Más adelante conoceremos a Ciro, rey de Persia, otro hombre corrupto que también fue una herramienta de Dios (ver también Is 44:28).

Daniel alabó al Dios del cielo y manifestó:

¡Alabado sea por siempre el nombre de Dios!

Suyos son la sabiduría y el poder.

Él cambia los tiempos y las épocas,

pone y depone reyes.

A los sabios da sabiduría,

y a los inteligentes, discernimiento. (Dn 2:20-21)

Escribo este libro durante un año de elecciones en Estados Unidos. Muchas personas trabajarán duro para que su candidato sea elegido a un cargo local, estatal o nacional. Si es elegido, pueden celebrar la victoria y gritar: «¡Lo logramos! ¡Ganamos!». No ganaron. Dios puso a esa persona en ese cargo. No siempre entiendo cómo Dios lo hace, pero sé que Él rige en las salas del gobierno hoy, como lo ha hecho en el pasado y lo hará en el futuro.

Lo que Daniel nos enseñará, si se lo permitimos, es que los reinos de este mundo van desapareciendo y que el reino de los cielos está llegando. Cuando veo este viejo mundo tambalearse, me siento más motivado que nunca a proclamar lo que Dios ha profetizado, sobre todo a través de Su profeta, Daniel.

Los cristianos deben ser las personas más tranquilas del mundo. No tenemos derecho a correr de un lado a otro frenéticamente, ni a permanecer despiertos en la noche preguntándonos qué va a pasar. En el cielo, Dios gobierna los reinos de los hombres.

POR ENCIMA DE LA MULTITUD

Daniel llegó a Babilonia de adolescente y permaneció allí hasta tener más de ochenta años. Durante todo ese tiempo de cautiverio, fue un importante funcionario en tres reinados. Mientras caminaba por los salones de los palacios, podía ver cómo Dios obraba en la vida de los reyes.

Daniel estuvo allí para ver al despiadado Nabucodonosor en acción. Este hombre poseía la crueldad acumulada de Napoleón, Mussolini, Hitler, Stalin y Sadam Husein. Era un dictador de primera clase. Podemos hacernos una idea de sus características cuando leemos que «ante él temblaban de miedo todos los pueblos, naciones y gente de toda lengua. A quien él quería matar, lo mandaba matar; a quien quería perdonar, lo perdonaba» (Dn 5:19). Nabucodonosor eliminaba a las personas que no le agradaban y promovía a aquellos que se ganaban su simpatía. Gobernó su reino según sus caprichos.

No obstante, un hombre no le temía, y presenció cuando Dios puso al rey de rodillas, literalmente y en sentido figurado.

Daniel también estuvo allí para ver cuando Belsasar «se [opuso] al Dios del cielo» (Dn 5:23). Fue tan presuntuoso que se comparó con Dios, y una noche Dios le envió un mensaje. Ese mensaje lo podemos escuchar hoy, pues se repite a través de los siglos y llega a nuestro mundo moderno.

Daniel vio cómo Dios manejaba a Darío el medo y a Ciro el persa. Daniel era el hombre detrás del telón y podía ver cómo Dios obraba en los salones de los líderes del mundo.

Durante todos los problemas que enfrentó la nación, desde la locura del rey hasta el asesinato de sus sucesores, las intrigas, los complots y las persecuciones, Daniel se mantuvo como un pilar de hierro en medio de un huracán porque el Dios soberano del universo era también el Dios soberano de su vida.

DANIEL HOY

Si Daniel estuviera sentado hoy en el Despacho Oval, encontraría muchos rostros manifiestamente hostiles. La mayoría de las personas allí reunidas serían graduadas de prestigiosas universidades con muchos años de experiencia en el servicio público y privado. Algunos habrían sido estrategas en varias guerras; otros serían jefes de grandes corporaciones. ¿Qué podrían aprender de alguien que vivió en un país que ya no existe?

Sin embargo, unos pocos podrían sentirse ansiosos de escuchar y entender lo que este profeta tiene que decir. Serían aquellos que creen en sus credenciales.

El presidente trataría de disminuir la tensión. «Estamos aquí para conocer lo que Daniel tiene que decir sobre el futuro de nuestro mundo. Yo, por mi parte, he encontrado su libro fascinante, pero desconcertante. Propongo, damas y caballeros, que lo escuchemos con mente abierta».

2

BREVE RESUMEN
DE LA HISTORIA

Los cementerios y las vidas desperdiciadas son el resultado trágico de advertencias que fueron desdeñadas o ignoradas. ¿Por qué no las escuchamos? En un semáforo, si la luz amarilla parpadea, la roja se encenderá después. Cuando Dios comunica a Sus profetas inspirados fuertes advertencias para que se las hagan saber a Su pueblo, es hora de prestar atención. Así que despierta.

En Daniel 1:1-2, leemos: «En el año tercero del reinado del rey Joacim de Judá, el rey Nabucodonosor de Babilonia vino a Jerusalén y la sitió. El Señor permitió que Joacim cayera en manos de Nabucodonosor. Junto con él, cayeron en sus manos algunos de los utensilios del templo de Dios, los cuales Nabucodonosor se llevó a Babilonia y puso en el tesoro del templo de sus dioses».

¿Acaso fue una sorpresa la caída de Judá y la captura de su rey? Durante muchos años, la amenaza de un juicio gravitó sobre ese país. Dios les había advertido, y no quisieron escuchar. En realidad, su actitud hacia Dios era como la de la gente en los días de Noé. Se lo estaban pasando de maravilla hasta el momento en que Noé y su séquito entraron en el arca. Era demasiado tarde para arrepentirse cuando se vieron bajo las aguas. Así sucedió en Judá, cuando los profetas hablaban, la gente tenía los ojos y los oídos cerrados. Vive la vida y toma otro trago.

DIOS DICE: «BASTA YA»

Un día Dios se hartó de esa situación. Había otorgado Su misericordia durante generaciones, y dijo en su corazón: *Ya no voy a continuar permitiendo eso.*

No me atrevo a poner palabras en la boca del Señor, pero las consecuencias eran obvias. El profeta Habacuc tuvo una vívida predicción de la inminente invasión de Judá por los babilonios. Vivía en Judá y estaba profundamente preocupado por la maldad en su tierra natal. Se quejaba de que Dios parecía no hacer nada. Habacuc era muy parecido a algunas personas hoy en Estados Unidos que dicen: «¿Por qué Dios no detiene todos estos crímenes y la inmoralidad?». Esta es una idea fundamental que se ha expresado a través de los siglos: ¿por qué el mal queda impune?

Dios le respondió a Habacuc:

> ¡Miren a las naciones!
> ¡Contémplenlas y quédense asombrados!
> Estoy por hacer en estos días cosas tan sorprendentes
> que no las creerán aunque alguien se las explique.
> Estoy incitando a los caldeos,
> ese pueblo despiadado e impetuoso,
> que recorre toda la tierra
> para apoderarse de territorios ajenos. (Hab 1:5-6)

Esta era la nación que castigaría a Judá. ¡Qué asombroso acontecimiento histórico! El Imperio babilónico parecía surgir de la noche a la mañana. Era como un meteoro que atravesaba el cielo nocturno sin avisar. Dios utilizó a Babilonia para castigar a Su pueblo durante setenta años. Al terminar ese período, el Imperio babilónico desapareció tan rápido como había surgido.

No es impensable que algo similar pueda ocurrirnos a nosotros. Cuando leemos el Libro de Habacuc, vemos que el profeta se debatió con la pregunta: «¿cómo puede Dios usar una nación tan malvada para castigar a Su propio pueblo?». Pero Dios lo hizo con Asiria. Lo hizo con Babilonia. Y si Dios decide hacerlo, lo hará con Estados Unidos a menos que nos pongamos de rodillas, nos arrepintamos ante Él y oremos por un avivamiento en nuestro país.

Hoy se necesitan palabras fuertes, como en la época de los profetas.

LA TRAICIÓN

En el momento de la invasión babilónica, en el trono de Jerusalén había un hombre malvado llamado Joacim. Su maldad era inusual porque había nacido en la familia de Josías, un rey piadoso. Joacim era una manzana podrida en un hermoso árbol genealógico; vivió el gran avivamiento que tuvo lugar durante el reinado de Josías, pero este proceso no tuvo ninguna influencia positiva en él.

Nabucodonosor sitió la ciudad de Jerusalén mientras Joacim ocupaba el trono de Judá, pero le permitió a Joacim permanecer en el cargo después de la conquista babilónica. Sin embargo, Joacim se enteró de que los egipcios estaban en la zona y decidió formar una alianza con ellos para acabar con Nabucodonosor.

Entonces Jeremías, conocido como el profeta llorón, fue ante al rey Joacim y le aconsejó: «Mire, rey, no haga eso. Está siendo juzgado y Babilonia es su líder en este momento. No haga ninguna alianza con Egipto». Pero Joacim no quiso escuchar. En realidad, se enfadó tanto con Jeremías por predicar ese mensaje que un día le dijo: «Ya estoy harto de ti, anciano. Vas a ir a la cárcel».

Jeremías fue encarcelado, pero el rey lo subestimó. Un día el profeta llamó a un secretario para que viniera a su celda, un hombre llamado Baruc. Jeremías le dijo: «Tengo un dictado para ti». El escriba sacó un rollo y copió la misma profecía que Jeremías había predicado en el templo y frente a Joacim. Entonces le ordenó: «Baruc, toma el rollo y léelo al pueblo en el templo».

La noticia corrió como la pólvora, y pronto Joacim conoció de este acto audaz. Estaba en su palacio, sentado frente a un fuego ardiente para calentarse, cuando uno de los funcionarios de su corte trajo el rollo y se lo leyó. Al rey no le gustó para nada lo que decía Jeremías, así que tomó un estilete de escriba, cortó el rollo en pedazos y lo arrojó al fuego.

Este es uno de los pasajes más horribles que he leído. He aquí un individuo que dice ser un hombre de Dios, y sin embargo destruye la Palabra de Dios. Pero el Señor se encargó de Joacim. La Escritura afirma:

> Por eso, así dice el Señor acerca de Joacim, rey de Judá: «Ninguno de sus descendientes ocupará el trono de David; su cadáver será arrojado, y quedará expuesto al calor del día y a las heladas de la noche. Castigaré la iniquidad de él, la de su descendencia y la de sus siervos. Enviaré contra ellos, y contra los habitantes de Jerusalén y de Judá, todas las calamidades con que los amenacé, porque no me hicieron caso». (Jer 36:30-31)

Hoy, en los púlpitos de nuestro país, hay quienes afirman ser gente de Dios, pero toman este Libro y, con el estilete de la alta crítica, lo cortan en pedazos y arrojan lo que no les gusta a la basura. Si hay partes de la Escritura que no pueden creer porque son sobrenaturales, las ignoran o las ridiculizan. Se presentan ante sus congregaciones con una Biblia tímida que no tiene ningún poder. La Escritura afirma que habrá un Nabucodonosor que derribará a estos hombres de sus púlpitos.

Prefiero comparecer ante Dios y enfrentarme a cualquier tipo de juicio que tener que responder ante Él por cortar Su Palabra y no predicar la infalible, fidedigna e inspirada Palabra de Dios.

Recuerdo cuando el presidente de uno de nuestros seminarios más grandes declaró en un Congreso sobre la Biblia que no era inspirada. Dijo que se puede creer una parte de ella, pero no hay que creer en todo. De este seminario salen jóvenes que se convierten en pastores, maestros y consejeros de nuestras iglesias, y difunden las «pobres nuevas» en nuestros pueblos y ciudades.

¡Sería prudente que leyeran el destino de Joacim!

Cuando Nabucodonosor tenía a Jerusalén rodeada y bajo su control, recibió un mensaje urgente de Babilonia que decía que su padre había muerto. Como tenía que volver a casa, dejó a Joacim en el trono de Jerusalén, porque sabía que era un tipo inútil que nunca le causaría problemas. Para garantizar la lealtad del pueblo de Judá, se llevó algunos rehenes a Babilonia. Eligió unos setenta jóvenes, hombres y mujeres, y Daniel fue uno de ellos. También se llevó algunos de los utensilios sagrados del templo. Más adelante vemos cómo esos utensilios sagrados fueron usados en una orgía de borrachos.

ENTRÉGANOS A TUS JÓVENES MÁS BRILLANTES

En París, antes de la Segunda Guerra Mundial, los artistas, los intelectuales y los filósofos bohemios solían reunirse en la Margen izquierda para intercambiar sus ideas sobre la vida y el destino. Hoy en día, desde Harvard hasta la moderna Budapest, los brillantes jóvenes de esta generación debaten la existencia de Dios y el significado del alma humana. La educación que reciben y los compañeros con los que se relacionan moldean su pensamiento en una etapa en la que sus mentes son muy inquisitivas. Lo más importante es tener una mente abierta, no ser dogmático en las opiniones.

Allan Bloom, quien fue un brillante profesor de la Universidad de Chicago, describió el pensamiento predominante entre los estudiantes universitarios estadounidenses. Escribió lo siguiente:

> Hay algo de lo que un profesor puede estar absolutamente seguro: casi todos los estudiantes que entran en la universidad creen, o dicen que creen, que la verdad es relativa. […] El relativismo es necesario para la liberalidad; y esta es la virtud, la única virtud, que toda educación primaria se ha dedicado a inculcar durante más de cincuenta años. La liberalidad —y el relativismo que la convierte en la única postura plausible ante las diversas pretensiones de verdad y los diversos modos de vida y tipos de seres humanos— es la gran idea de nuestro tiempo. El creyente auténtico es el verdadero peligro […]. La cuestión no es corregir los errores y estar realmente en lo cierto; más bien es no pensar que se tiene la razón en modo alguno.[1]

El control de la mente comienza con los jóvenes. Al destruir sus creencias y adoctrinarlos en una contracultura, las fuerzas dominantes del mal pueden apoderarse de una generación para sus propósitos. Hoy, nuestros niños son subvertidos de una manera más sutil que cuando las Juventudes Hitlerianas, pero la red de control es igual de fuerte.

Nabucodonosor comprendió la importancia de la batalla por la mente de los jóvenes. Cuando decidió llevar rehenes de Judá, estableció algunos criterios exactos. Ordenó a un importante funcionario, Aspenaz, que eligiera a estudiantes con un promedio de 4.0, los mejores jóvenes en apariencia y habilidades. Probablemente tenían entre catorce y diecisiete años, lo suficientemente maduros para dejar el hogar, pero lo suficientemente jóvenes para ser reeducados. Daniel tenía probablemente unos catorce años.

«Aspenaz, tráeme jóvenes de primera clase —fue la orden del rey—. Solo quiero gente fuerte y bien parecida». ¿No se parece esto al concepto hitleriano de la raza superior? Quería lo mejor de lo mejor. Debían estar «... dotados de conocimiento y de buen juicio...» (Dn 1:4, NTV). Nabucodonosor quería estar seguro de que ya hubieran acumulado mucho conocimiento.

Muchachos como esos serían muy valiosos para cualquier padre. ¿Puedes imaginar la angustia que habría en Jerusalén cuando setenta de sus chicos más destacados fueron llevados a otro país? Tengo dos hijos, y sé que mi corazón se quebraría si los tomaran como prisioneros de guerra (PDG).

En nuestra sociedad, como en Babilonia, la buena apariencia y la inteligencia parecen indicar que has conseguido el éxito. Es una lástima que la gente del mundo no haya comprendido que Dios ve en nosotros algo más que esas dos dimensiones.

Daniel y sus compañeros de cautiverio también tenían que ser «... aptos para servir en el palacio real...» (Dn 1:4, NTV). Esto significa que debían tener buenos modales y sentido común para hacer lo correcto. No creo que yo hubiera podido pertenecer al grupo. Como crecí en la casa de un predicador, no teníamos fiestas elegantes ni asistíamos a eventos sociales. Estoy seguro de que si alguna vez conociera a miembros de la realeza no sabría si inclinarme o dar la mano. Pero estos jóvenes no solo debían entrenarse en el protocolo de palacio, sino también en la lengua caldea y en todo el conocimiento de Babilonia durante tres años. ¡Esto sería como un curso intensivo en Harvard, el Instituto Tecnológico de Massachusetts, el Instituto de Tecnología de California y Oxford en treinta y seis meses!

Babilonia era el centro de aprendizaje más importante del mundo en esa época; el plan de estudios para esos chicos hebreos habría incluido toda la enseñanza humanística de la época. Los caldeos tenían la reputación de ser los hombres más sabios del mundo.

CAMPAÑA DE SEDUCCIÓN

La intención del rey no era solo educar a estos jóvenes, sino lavarles el cerebro. Quería que parecieran judíos por fuera, pero babilónicos por dentro. Este es el objetivo de la mayoría de las universidades seculares si sus profesores no conocen a Cristo; siempre y cuando puedan enseñarte a pensar como un humanista, no les importa si pareces un cristiano por fuera, si asistes a la iglesia o si marcas una opción denominacional en tu solicitud de ingreso a la universidad.

La astuta estrategia del rey fue ofrecerles raciones diarias de la comida y el vino que se servían en la mesa real. Quería que estuvieran tan acostumbrados a la buena vida que nunca se vieran tentados a volver a sus viejas costumbres. Quería que estuvieran comprometidos con él. Otra táctica de lavado de cerebro.

Además de este sentido de obligación, el rey tenía otra táctica: la consolidación. La Escritura menciona a cuatro muchachos judíos que tenían nombres piadosos: Daniel significaba «Dios es mi juez», Ananías «Jehová es piadoso», Misael «¿Quién como Dios?» y Azarías «Jehová es mi ayuda». Pero Nabucodonosor cambió sus nombres. Daniel se convirtió en Beltsasar, que significa «Bel, protege su vida»; Ananías fue rebautizado como Sadrac, que significa «mandamiento del dios de la luna, Aku»; Misael fue llamado Mesac, por el dios Aku; y Azarías se convirtió Abednego, una forma de honrar al segundo dios más importante de Babilonia, Nebo. ¡Qué astuta estrategia! Intentó que olvidaran sus hogares, su estilo de vida y todo lo relacionado con su herencia judía divina.

No sabemos cuántos de esos setenta y tantos jóvenes sucumbieron a la seducción de Babilonia, pero uno de catorce años dijo que no. Puso un límite en cuanto a la comida y el vino de la realeza. En primer lugar, nada era *kosher*; según sus leyes dietéticas, era inmundo. También sabía que en Babilonia, la carne y la bebida se ofrecían primero a los dioses de esa tierra antes de ser llevados a la mesa.

Daniel tomó el control de su vida cuando rechazó esas comidas de alta cocina.

Cuando Dios nos da una tarea difícil, surgen muchas justificaciones para no cumplirla. Podemos encontrar todo tipo de razones. Satanás nos facilita la lista ya hecha para que la sigamos.

Daniel podría haber pensado: *Aguarda un momento, soy solo un niño. ¿Por qué se espera que rechace la buena vida?* O podría haber dicho: «Mira a todos los demás muchachos. ¿Por qué solo nosotros cuatro deberíamos privarnos de la carne y el vino del rey? Después de todo, ¡los demás están viviendo a lo grande!».

También podría haber pensado: *Estoy lejos de casa, y mamá y papá nunca lo sabrán.* Alguien dijo que la prueba del verdadero carácter es lo que uno hace cuando sabe que absolutamente nadie se va a enterar. Daniel también sabía que si no acataba las órdenes podía acabar mal. Nabucodonosor tenía fama de arrojar personas al horno. Era uno de sus deportes bajo techo favoritos. En realidad, Jeremías contó una vez que Nabucodonosor decidió que no le gustaba alguien y lo asó lentamente en el fuego mientras la gente miraba.

Pero he aquí la mejor excusa de todas. Daniel podría haber razonado: *Señor, sé que no es exactamente correcto, y probablemente no debería hacerlo, pero realmente quiero alcanzar una posición de liderazgo en este reino, y sé que Tú podrías usarme si fuera Tu representante ante Nabucodonosor. ¿No es esto espiritual?* Sin embargo, Daniel había aprendido que nunca es correcto hacer el mal para hacer el bien.

Daniel no protestó cuando le cambiaron el nombre, ni cuando quisieron que fuera a la Universidad de Babilonia, pero cuando trataron de alimentarlo con la carne del rey, se negó. ¿Por qué?

En el Antiguo Testamento no hay ninguna prohibición respecto a tomar otro nombre. No se prohíbe aprender lo que otras personas tienen que enseñar. Moisés y José fueron asimilados en otras culturas. Sin embargo, en la Biblia se prohíbe terminantemente comer lo que se ha ofrecido a los ídolos. Donde Dios dijo que no, Daniel dijo que no.

A veces los cristianos discuten sobre cosas de las que Dios no ha hablado, mientras permiten que se pasen por alto situaciones que Él ha censurado. Hay ciertas cosas que Dios dice que están mal. La inmoralidad está mal. El adulterio está mal. La homosexualidad está mal. La fornicación está mal. Dios señala los límites que debemos tener respecto a lo que hoy nos ofrece esta sociedad tan activa sexualmente. Si queremos Su bendición en nuestra vida, es mejor que tengamos el valor y la autoridad para pararnos como Daniel y decir: «No me voy a contaminar, porque Dios ha dicho que no».

La misma fuerza que le permitió a Daniel ser un adolescente inflexible y un hombre valiente está a nuestro alcance hoy. Lo maravilloso es cómo Dios nos bendice cuando nos comprometemos. Daniel no era un creyente de segunda que obedecía a Dios cuando quería o cuando le convenía. Como resultado, fue bendecido de formas increíbles.

3

ENTRENAMIENTO DE UN CAMPEÓN

Un joven indígena estadounidense que vivía cerca de Prague, Oklahoma, soñaba con convertirse en jugador profesional de fútbol americano. Cuando los otros chicos jugaban en el campo, él corría y pateaba pelotas. Practicaba largas horas para desarrollar su fuerza y sus habilidades. Finalmente tuvo la oportunidad de jugar en la Carlisle Indian Industrial School, en Carlisle, Pensilvania. Allí logró 25 anotaciones y 198 puntos en una temporada y estableció un récord que se mantuvo durante años. Se convirtió en una estrella del béisbol con los New York Giants y ganó las medallas de oro del decatlón y del pentatlón en los Juegos Olímpicos de 1912 en Suecia. En 1950, Wa-Tho-Huk, cuyo nombre de bautismo era Jacobus Franciscus Thorpe, cambió su nombre por el de Jim Thorpe. Fue elegido como el mejor atleta de la primera mitad del siglo. Más de cincuenta años después, cuando las personas hablan del mejor atleta de todos los tiempos, todavía mencionan a Jim Thorpe.

Los campeones no suelen ser autodidactas. Alguien descubre su potencial y trabaja para ayudarlos a prepararse para la competición.

Cuando aplaudimos al ganador de un premio Óscar, puede que no sepamos el nombre de su profesor de teatro. El entrenador del atleta que gana una medalla de oro olímpica queda en el olvido. ¿Quién conoce a la persona que Dios usó para llevar a Billy Graham a Cristo? Pero hay un entrenador para cada estrella.

Dios mismo había estado preparando a Daniel para las pruebas a las que se enfrentaría. No fue casual que estuviera entre los cuatro jóvenes que sirvieron en la corte del rey. El entrenamiento que Dios le da a un hombre o a una mujer es algo maravilloso. Siempre se preocupa más por la persona que está entrenando que por el trabajo que hará su alumno. Quedamos maravillados con lo que hace una persona, como un estudiante de arte que contempla un cuadro de Rembrandt, pero Dios se entusiasma con lo que es esa persona.

ANTES DE QUE EL LIBRO COMIENCE

Daniel creció durante uno de los mayores avivamientos en la historia del reino sureño de Judá. El rey en esa etapa fue Josías, el primer hombre bueno que ocupó el trono en cincuenta y siete años. (¿No somos afortunados de tener una elección cada cuatro años, aunque se convierta en un circo mediático?).

Josías subió al trono con tan solo ocho años. De adolescente comenzó a buscar a Dios. Cuando llevaba doce años en el poder, llevó a cabo algunas reformas radicales. Judá se había convertido en una tierra de falsos ídolos; el Dios de Abraham, Isaac y Jacob había sido reemplazado por la adoración de los dioses paganos. Josías estaba tan preocupado por el grave deterioro del templo de Salomón que trajo a algunos maestros de obras para devolverle su antigua gloria.

La Escritura afirma que mientras los trabajadores renovaban el templo, se encontraron con un libro muy importante: el libro de la ley. Imaginen el asombro de esos trabajadores cuando descubrieron el documento más valioso del pueblo hebreo. Eran los mandamientos y los pactos que el Señor le había dado a Moisés. Cuando Moisés subió al monte Sinaí, casi ochocientos años antes de que Josías fuera rey de Judá, el Señor le dio los diez mandamientos y todas las leyes para que Su pueblo las siguiera. Moisés los leyó al pueblo, y este respondió piadosamente: «Haremos todo lo que el Señor ha dicho, y le obedeceremos» (Éx 24:7). Y aún así el libro del pacto, polvoriento y cubierto de telarañas, yacía perdido y olvidado en un templo sin usar.

Cuando Josías se enteró del descubrimiento y escuchó las palabras de la ley, se rasgó sus vestiduras. Estaba extremadamente perturbado, y puedo entender por qué (ver 2 Cr 34).

Nada ha cambiado hoy. En todas partes hay hombres y mujeres que van a la iglesia cada domingo y nunca abren sus Biblias. En realidad, hay iglesias en las que la única Biblia es la que descansa imponentemente sobre el púlpito y ha acumulado polvo en sus páginas abiertas. Cuando asistimos a una iglesia donde las personas traen sus Biblias, sabemos que el libro de la ley no se ha perdido.

Josías no permaneció abatido por mucho tiempo. Convocó una conferencia de prensa nacional, y la Biblia dice que todos, desde «el más pequeño hasta el más grande», vinieron y escucharon al rey leer todo lo que estaba escrito en el libro del pacto. Si alguien viniera a mi iglesia y escuchara un sermón tan largo, el templo quedaría vacío al cabo de una hora. Pero el pueblo escuchó. Cuando terminó, el rey fue el primero en responder con convicción. Habría sido como si el presidente de Estados Unidos apareciera en cada estación de televisión e hiciera un voto público de seguir la Palabra de Dios en todas las decisiones que tomara.

«Después se puso de pie junto a la columna, y en presencia del Señor renovó el pacto. Se comprometió a seguir al Señor y a cumplir, de todo corazón y con toda el alma, sus mandamientos, sus preceptos y sus decretos» (2 R 23:3). Y entonces ocurrió lo que muchos de nosotros pedimos en oración que ocurra en Estados Unidos:

un gran avivamiento. En Judá nunca se había visto nada como el avivamiento ocurrido durante la etapa en que Josías estuvo en el trono y Jeremías en el púlpito. Las personas se pusieron de rodillas.

Desafortunadamente, los herederos de Josías (Joacaz, Joacim, Sedequías y un nieto llamado Joaquín) eran gente desagradable. Si te centraras en Josías, podrías decir: «El avivamiento fue un fracaso. ¿Por qué no influyó en tu propia familia?». Sin embargo, el período de su reinado marcó la vida de Daniel y tres de sus amigos.

Dios había estado preparando a Daniel para el momento en que no estuviera en un ambiente seguro y cómodo, cuando se encontrara solo y tuviera que tomar una postura firme. Hay un versículo en su libro que es la clave de su utilidad para la obra del Señor. «Pero Daniel se propuso no contaminarse con la comida y el vino del rey, así que le pidió al jefe de oficiales que no lo obligara a contaminarse» (Dn 1:8). Él dijo: «No, no puedo hacer eso. No haré lo que Dios me prohíbe hacer». Conocía el libro de la ley, y no violaría la Palabra de Dios.

Si Daniel no hubiera adoptado esa postura cuando se enfrentó a la tentación, su historia no estaría incluida en el salón de la fama, sino en el salón de los fracasos. Todo lo que sucedió después en el libro dependía de que Daniel se propusiera hacer lo correcto.

PEQUEÑAS DECISIONES Y GRANDES CONSECUENCIAS

En un instante podemos tomar una decisión que marcará el resto de nuestra vida. Todos hemos tenido ese tipo de experiencia. Aceptas un trabajo. Te mudas a otra ciudad. Le pides que se case contigo. Abrazas a Cristo como tu Salvador. Las grandes decisiones son el resultado de una serie de pequeñas decisiones. Encontré un sencillo consejo que un padre le dio a su hijo cuando estaba a punto de salir al mundo. Esta canción, escrita en 1887 por Horatio Richard Palmer, es algo que me gustaría trasmitirles a mis hijos y nietos.

Comienzas, hijo mío, el viaje de la vida,
a lo largo del gran camino de la existencia;
encontrarás mil tentaciones.
En cada ciudad abunda la maldad.
El mundo está lleno de agitación,
hay peligro dondequiera que vayas;
pero si te sientes tentado a ser débil,
ten valor, hijo mío, para decir ¡No!

Solo en el valor, hijo mío, está tu seguridad,
cuando comiences el largo viaje,
tu confianza en un Padre celestial,
te mantendrá limpio de pecado.
Las tentaciones aumentarán,
como la corriente de un riachuelo;
pero si eres fiel a tu hombría,
ten valor, hijo mío, para decir ¡No!

Ten cuidado al elegir los compañeros,
busca solo a los valientes y a los verdaderos,
y no abandones a tus amigos cuando tengan dificultades,
nunca cambies lo viejo por lo nuevo;
y cuando los falsos amigos te tienten
con el sabor de la copa de vino,
firmemente, con paciencia y bondad,
ten valor, hijo mío, para decir ¡No![1]

Se necesitan agallas para decir que no, lo mismo hace 2600 años
que ayer en la noche, no hay diferencia. La determinación de Daniel
es un recordatorio para nosotros, ya sea en el ámbito político, en la
iglesia, en los negocios o en la vida personal, de que no necesitamos manipular las reglas para ser bendecidos por Dios. El éxito no

depende de hacer concesiones. En la Biblia, cada vez que se violó lo establecido también ocurrió una pérdida.

- Adán incumplió la ley de Dios y cayó en el pecado de su esposa. Perdió el paraíso.
- Abraham no fue sincero y mintió sobre Sara. Casi pierde a su esposa.
- Sara no confió en la palabra de Dios y envió a Abraham con su sierva, Agar, que dio a luz a Ismael. Se perdió la paz en el Cercano Oriente.
- Esaú llegó a un arreglo con Jacob por una comida. Perdió sus derechos de primogénito.
- Aarón no fue fiel a sus convicciones sobre la idolatría. Perdió el privilegio de ver la tierra prometida.
- Sansón incumplió su voto como nazareo. Perdió su cabello, su fuerza, sus ojos y su vida.
- David incumplió el estándar moral de Dios al cometer adulterio con Betsabé y asesinar a Urías. Perdió a su hijo.
- Salomón traicionó sus convicciones y se casó con esposas extranjeras. Perdió la unidad del reino.
- Acab se casó con Jezabel. Perdió su trono.
- Ananías y Safira mintieron. Perdieron la vida.
- Judas traicionó el amor que decía tener por Cristo por treinta piezas de plata. Perdió su alma eterna.

¿Es diferente en la actualidad? El mensaje de nuestra cultura es que si quieres salir adelante, tendrás que transgredir algunas reglas. Creo que hoy estamos ávidos de que algunos hombres se levanten y digan: «Como fue Daniel, así seré yo».

He oído una historia sobre unos jóvenes que asistían a una clase de la escuela secundaria impartida por un profesor ateo. En una de sus conferencias expresó: «Todos los que creen en los mitos de la Biblia, por favor pónganse de pie». Varios se pararon.

Luego añadió: «Este semestre voy a liberarlos de esa tontería religiosa de la Biblia. La he leído, y sin duda está escrita por un montón de hombres confundidos».

Un joven Daniel se levantó y dijo: «Señor, la Biblia es la carta de Dios a los cristianos, y si usted se siente confundido es porque está leyendo el correo de otras personas».

EL REFUGIO QUE BRINDA DIOS

No sé qué pasó con el estudiante y el profesor, pero sé que Dios cuidará de aquel que se niegue a hacer concesiones. En Daniel 1:9, justo después de la determinación mostrada por Daniel, se lee: «Ahora bien, Dios…» (NTV). Puedes imaginar el peor escenario posible, pero si Dios toma el control estarás bien.

Dios hizo que Daniel tuviera el favor de la gente que importaba. Cuando necesitó que le aprobaran su dieta, tuvo un amigo que lo ayudó. Pero Daniel mostró su buen juicio al ofrecer una alternativa al menú. En lugar de rebelarse, dijo: «Mira, danos a mí y a mis tres amigos una dieta vegetariana y luego de diez días compara nuestro aspecto con el de aquellos que han consumido la comida fina del chef del rey». Esto parecía una idea razonable.

Dios le dio a Daniel sabiduría, y nos la dará a nosotros si nos alineamos con Su voluntad. Si Daniel fuera hoy un orador en nuestras iglesias, universidades y escuelas secundarias en toda la nación, diría: «Prefiero ser un cautivo en Babilonia según la voluntad de Dios, que ser libre en Jerusalén alejado de Su voluntad».

Cuando no estamos alineados con la voluntad de Dios, estamos por nuestra cuenta. Cuando nos quedamos donde Dios quiere y hacemos lo que Él quiere que hagamos, entonces Él se compromete a cuidarnos y a darnos fuerza. Proverbios 16:7 dice: «Cuando el SEÑOR aprueba la conducta de un hombre, hasta con sus enemigos lo reconcilia».

RESULTADOS DE UNA VIDA INTRANSIGENTE

Durante un año electoral a menudo oímos hablar de hombres y mujeres que son expertos en el arte de negociar acuerdos. Alguien dijo que un acuerdo negociado es el arte de dividir un pastel de tal manera que todo el mundo crea que ha conseguido el trozo más grande.

Una vida intransigente hace crecer el valor. Cuando tomamos la primera postura firme y fijamos nuestros límites es como encender el horno de nuestro propio coraje. El siguiente paso no es entonces tan difícil. Para los jóvenes que marchan a la escuela, el momento de tomar una posición firme respecto a lo que es correcto es el primer día en ese nuevo entorno. Daniel mostró esa clase de valor cuando dijo: «Gracias por la invitación a comer en la mesa del rey, pero he decidido no contaminarme con esa comida». Estaba poniendo su cuello en la guillotina.

Daniel podría haber escuchado lo que le ocurrió a Sedequías, uno de los hijos de Josías. Trató de escapar cuando pensó que Nabucodonosor estaba a punto de tomar Jerusalén. Fue capturado por los soldados del rey de Babilonia. Rápidamente se dio la orden de que todos los hijos de Sedequías y todos los nobles de su círculo íntimo se alinearan frente al rey fugitivo. Entonces los soldados se pusieron en fila y mataron a cada uno de ellos delante de él. Al terminar su espeluznante tarea tomaron una espada caliente y le sacaron los ojos, de modo que lo último que vio Sedequías fue la atroz ejecución de su familia y amigos (Jer 52:10-11). Ese era Nabucodonosor.

¿Tuvo que ser valiente Daniel para decirle que no a Nabucodonosor?

Algunos de nosotros podríamos aprender de la cortesía mostrada por Daniel. Golpear el púlpito y amenazar con el fuego y el juicio a todo aquel que no esté de acuerdo con nosotros ha sido una acusación utilizada para luchar contra los fundamentalistas. Pero Daniel

ENTRENAMIENTO DE UN CAMPEÓN

«pidió permiso» y no fue desagradable. Se ha dicho que la pruden-
cia, la cortesía y el valor son un buen trío. En lugar de desafiar a la
autoridad, Daniel hizo una petición digna.

Podemos estar tranquilos cuando nos alineamos con la voluntad
de Dios y hacemos lo correcto. No necesitamos ser como el predicador que dijo que cuando notaba un punto débil en su sermón, gritaba y golpeaba el púlpito. Hay una especie de poder silencioso que
entra en nuestra vida si caminamos en el poder del Espíritu Santo.

Daniel no solo era cortés, también tenía confianza. Creía tanto
en las palabras de Dios que sabía que Él no podía defraudarlo. Así
que con una gran convicción, habría dicho: «Si Dios está con nosotros, ¿quién puede estar en contra nuestra?». La vida santa siempre
trae confianza. Si miramos constantemente a todas partes, con la
preocupación de si nos están observando o si nos atraparán, tal vez
no estemos viviendo correctamente. Daniel vivía una vida tan santa
y justa, y caminaba en el poder que Dios le había dado, que no tenía
miedo de poner a prueba su compromiso ante todo el reino.

LA CONSTANCIA EN LA VIDA

Casi todos tenemos nuestros buenos momentos, y nos encanta dis-
frutar de ellos. Pero es difícil ser constantes día tras día. Daniel vivió
una vida santa, justa y piadosa en el palacio babilónico durante más
de setenta años. El último versículo de Daniel 1 es por sí solo una
lección: «Fue así como Daniel se quedó en Babilonia hasta el primer año del rey Ciro» (Dn 1:21). Daniel permaneció en Babilonia
durante todo su cautiverio. Nabucodonosor vino y se fue. Belsasar
vino y se fue. Luego Darío y Ciro. Pero Daniel siguió allí, siempre
fue el hombre de Dios en esa posición de influencia.

Desde muy joven estuvo en una corte de una cultura completamente pagana. Y aún así es uno de los pocos hombres del Antiguo
Testamento a los que no se les señalan malas acciones. En realidad,

sus enemigos trataron de encontrar un punto débil en su carácter para poder exponerlo en *El Diario de Babilonia*:

> Entonces los administradores y los sátrapas empezaron a buscar algún motivo para acusar a Daniel de malos manejos en los negocios del reino. Sin embargo, no encontraron de qué acusarlo porque, lejos de ser corrupto o negligente, Daniel era un hombre digno de confianza. Por eso concluyeron: «... Nunca encontraremos nada de qué acusar a Daniel, a no ser algo relacionado con la ley de su Dios». (Dn 6:4-5)

La única posibilidad de encontrar algún motivo para acusar a Daniel era en relación con las normas de su religión. Lo habían observado durante décadas y no pudieron encontrar nada malo que decir de él.

Que seamos buenos por mucho tiempo y luego podamos arruinarlo todo en un momento es algo que da mucho que pensar. He sabido de hombres y mujeres en posiciones de influencia que han arruinado su vida con una indiscreción o una mala decisión; su prestigio se esfumó de la noche a la mañana. Salomón fue el hombre más sabio que ha existido, pero en su vejez su convicción se deterioró y murió como un hombre deshecho y derrotado.

Sin embargo, Daniel fue constante, a pesar de ser un político de primer orden. Si hubiera seguido la espiral descendente que hoy caracteriza a algunas de nuestras figuras políticas, nunca habríamos tenido la verdad profética que nos ha dado.

LAS RECOMPENSAS DE UNA VIDA INTRANSIGENTE

Hoy se nos dice que si queremos prosperar, tenemos que saltarnos algunas reglas, inflar algunas cuentas para gastos y cuidarnos nosotros mismos. Pero en el primer capítulo de Daniel vemos una historia que contrasta fuertemente con el sistema ético del mundo.

Como resultado, Dios recompensó a Daniel durante su vida. Personalmente creo que Dios sigue haciendo eso hoy en día. Una de las razones por las que tenemos tantos problemas en nuestra vida como cristianos es que tratamos de mantener un pie en este lado de la calle y el otro en el lado opuesto.

¿Qué pasaría si nos comprometiéramos y dijéramos: «No importa lo que cueste, no importa lo que diga la gente, donde la palabra de Dios establece un límite, allí también yo estableceré el mío». Alguien así es un campeón. No importa lo que haga la competencia, o cómo jueguen los demás, una persona que se entrega al Señor siempre será un ganador.

Dios recompensó a Daniel dándole a su vida un *impacto especial*. Cuando Daniel entró en la habitación luego de diez días de comer verduras, no podía haber duda de que él y sus amigos se veían muy bien. «Al cumplirse el plazo, estos jóvenes se veían más sanos y mejor alimentados que cualquiera de los que participaban de la comida real. Así que el guardia les retiró la comida y el vino del rey, y en su lugar siguió alimentándolos con verduras» (Dn 1:15-16).

Los vegetarianos seguramente están animados en este punto. Pero la versión Reina-Valera Revisada 1960 llama a la comida «legumbres», que podría ser una forma de cereal. Imaginen lo que los fabricantes de cereales podrían hacer si Daniel respaldara sus productos en la televisión.

No fue la comida lo decisivo para los muchachos hebreos; fue su determinación de hacer lo correcto. Salmos 25:14 expresa: «La comunión íntima de Jehová es con los que le temen» (RVR1960).

Dios también le dio a Daniel una *visión especial*. Podía entender las visiones y los sueños, que es la base sobre la que descansa todo el libro. La interpretación que hizo Daniel de las visiones y los sueños se extiende a través de todas las épocas y se proyecta hacia el futuro. Pasará a la historia como un hombre que Dios utilizó, antes de que ocurrieran las grandes epopeyas de la historia, para señalar todo lo de mayor importancia que sucedería desde su tiempo hasta el reino de Cristo.

Dios también le dio a Daniel una *influencia especial*. Se volvió influyente no solo en la corte, sino también con sus compañeros. ¿Puedes imaginarte cómo era para Ananías, Misael y Azarías (los verdaderos nombres hebreos de los tres amigos) estar cerca de Daniel? La influencia de su vida se extendió a los cautivos en Babilonia. Fue el único apoyo que siempre tuvieron a lo largo del cautiverio. Ezequiel estuvo allí parte del tiempo, pero para los prisioneros de guerra (PDG), Daniel era «nuestro hombre en el palacio».

No puedo pensar en nadie más en toda la historia que haya vivido toda su vida, desde la adolescencia hasta la ancianidad, como un testimonio constante para Dios. Y todo comenzó el primer día cuando fue tentado a hacer concesiones en algo que sabía que era correcto.

Señor, ¿dónde están los Danieles de hoy? ¿O hemos llegado tan lejos en el país de los «acuerdos negociados» que ya no hay salida?

PARTE 2

EL DESTINO DE
LAS NACIONES

4

SUEÑOS NOCTURNOS
Y VISIONES DIURNAS

Si insistiera en que escucharas mi fascinante relato sobre el sueño que tuve anoche, podrías escucharlo con interés fingido pero en secreto pensarías: *¿Y qué?* Los sueños solo son importantes para el que los sueña o para el psicoanalista, y solo se han estudiado cuidadosamente en los últimos cien años. Sigmund Freud realizó el primer estudio exhaustivo de ellos, lo cual dio lugar a todo un campo dentro del psicoanálisis.

En la Biblia, Dios a menudo hablaba a Su pueblo a través de sueños y visiones. Sueños cuando estaban dormidos, visiones cuando estaban despiertos. «Cuando un profeta del SEÑOR se levanta entre ustedes, yo le hablo en visiones y me revelo a él en sueños» (Nm 12:6). Se le apareció a Salomón en un sueño y le dijo que podía pedirle lo que quisiera. En Génesis escuchamos la interpretación que hace José de varios sueños. Jacob soñó con una escalera entre la tierra y el cielo, con ángeles que subían y bajaban.

Las palabras que Dios comunicaba a través de los sueños no se limitaron a Sus hijos, también habló a los paganos. Pero de todos los sueños recogidos en la Biblia, hay uno que es el más asombroso. No lo tuvo un predicador piadoso, sino al más vil gobernante del mundo en ese momento. Era como si Dios le revelara a Hitler lo que iba a pasar con el Muro de Berlín, la desaparición de la URSS y la segunda venida.

EL PESO DE UNA CONCIENCIA SUCIA

«En el segundo año de su reinado, Nabucodonosor tuvo varios sueños que lo perturbaron y no lo dejaban dormir» (Dn 2:1).

Daniel y sus amigos habían estado asistiendo a la Universidad de Babilonia durante tres años. Nabucodonosor los había enviado a la universidad, pero debemos tener en cuenta que según el cálculo babilónico un rey no contaba su primer año como parte de su reinado. Entonces la secuencia temporal es correcta, ya que era el segundo año de su reinado, pero en realidad habían transcurrido tres años. Esto puede perecer un pequeño detalle, pero es este tipo de razonamiento el que alimenta a los críticos que afirman que la Biblia es contradictoria.

Aquí tenemos a un hombre que era el gobernante del mundo, seguro en su trono, con todos sus enemigos sometidos o en cautiverio. Pero tenía problemas de insomnio. En *Hamlet*, Shakespeare escribió: «La conciencia nos hace cobardes a todos». En el caso de una persona sin conciencia, como Nabucodonosor, uno pensaría que dormiría como un gato sobre un almohadón. Pero no, su ocupado cerebro no se quedaba quieto. Daba vueltas y vueltas en la alcoba real, y cuando finalmente se durmió, tuvo un sueño extraño.

Al despertar, el rey gritó órdenes a sus sirvientes. «Traigan a todos los magos. Llamen a los que escriben las predicciones astrológicas en *El Diario de Babilonia*. Traigan a las brujas y a los hechiceros. Y dense prisa o haré que les corten la cabeza».

Podemos imaginar que la multitud de magos, hechiceros, adivinos y astrólogos llegó al palacio en un instante. Conocían las consecuencias de provocar la ira del rey, y eran terribles.

Nabucodonosor fue el primer rey gentil que llegó a ser el gobernante del mundo. No es coincidencia que el contenido de su sueño fuera el plan de Dios para el tiempo de los gentiles. En los planes de Dios no hay coincidencias.

¿Todavía habla Dios hoy a través de los sueños? Si tenemos sueños que parecen ser inspirados, lo más probable es que se deban a una indigestión. Si creemos que alguien puede interpretar nuestros sueños, gastaremos nuestro dinero y nuestro tiempo en conjeturas, especulaciones y sobre todo en tonterías. Tenemos la revelación completa de Dios, y hay un largo período al final de ella. En nuestra época, Él ya no habla a través de los sueños.

El rey estaba decidido a obtener una interpretación de su terrible sueño. Su panel de expertos estaba formado por cuatro grupos diferentes: los magos, que también eran eruditos; los hechiceros; los adivinos, que eran los médiums de su época; y los astrólogos, que eran los sabios de Babilonia. Nabucodonosor quería que estos expertos reunidos delante de él le dijeran el significado de su sueño.

Algo interesante sucede en el Libro de Daniel a partir del versículo 4 del capítulo 2 y se extiende hasta el final del capítulo 7. Al leer este pasaje, encontramos que el idioma original cambia del hebreo al arameo. Una de las razones es que esta profecía trata de los gentiles; está escrita en el idioma de la corte de Babilonia. ¿Qué ha estado estudiando Daniel durante los últimos tres años? Arameo, por supuesto. No tendría ningún problema, entonces, en cambiar de un idioma a otro mientras escribía el libro que lleva su nombre. Este es otro clavo en el ataúd de los críticos.

Los sabios pensaban que no tendrían dificultades para interpretar el sueño; solo necesitaban saber lo que el rey soñó. Pero el rey tenía un problema, como le ocurre a la mayoría de nosotros al despertar, ¡no podía recordar su sueño! No había olvidado lo terrible que fue, ni cómo se sintió cuando lo soñaba, pero no podía recordar los detalles. Como la sensación que tenemos al soñar que huimos de algo o alguien pero corremos en el mismo lugar sin poder ir a ninguna parte.

Nabucodonosor lanzó su amenaza: «… —Mi decisión ya está tomada: Si no me dicen lo que soñé, ni me dan su interpretación, ordenaré que los corten en pedazos y que sus casas sean reducidas a cenizas. Pero si me dicen lo que soñé y me explican su significado, yo les daré regalos, recompensas y grandes honores. Así que comiencen por decirme lo que soñé, y luego explíquenme su significado» (Dn 2:5-6).

Todos se estremecieron de pies a cabeza. ¡Qué petición tan absurda! Tal vez el rey entre en razón, pensaron. «… —¡No hay nadie en la tierra capaz de hacer lo que Su Majestad nos pide! ¡Jamás a ningún rey se le ha ocurrido pedirle tal cosa a ningún mago, hechicero o astrólogo! Lo que Su Majestad nos pide raya en lo imposible, y nadie podrá revelárselo, a no ser los dioses. ¡Pero ellos no viven entre nosotros! (Dn 2:10-11).

Esto realmente enfureció al rey. Pagaba a esta gente para que hicieran cosas difíciles, pero ellos admitían que no había nadie en la tierra que, por sí mismo, pudiera describir el sueño de otra persona.

¿Por qué algunas personas leen la Biblia y no la entienden en absoluto? ¿Por qué otros encuentran algo nuevo y maravilloso cada vez que la leen? En 1 Corintios 2:14 vemos: «Pero el hombre natural no percibe las cosas que son del Espíritu de Dios, porque para él son locura, y no las puede entender, porque se han de discernir espiritualmente» (RVR1960). Allí estaban los líderes religiosos de Babilonia, pero eran incapaces de descifrar una revelación de Dios. Expresaron: «¡No hay nadie en la tierra capaz de hacer lo que Su Majestad nos pide!» (Dn 2:10). Esta observación es la esencia de lo que significa ser un verdadero cristiano. Aquí tenemos a Daniel en la tierra, casi con conexiones en el cielo, que fue capaz de hacer que el cielo influyera en las cosas de la tierra. Aquellos otros individuos no tenían ninguna posibilidad. Eran lo mejor que el mundo tenía para ofrecer, pero no podían hacer el trabajo.

El rey perdió completamente el control. «Tanto enfureció […] que mandó ejecutar a todos los sabios de Babilonia. Se publicó entonces un edicto que decretaba la muerte de todos los sabios, de modo que se ordenó la búsqueda de Daniel y de sus compañeros para que fueran ejecutados» (Dn 2:12-13).

Daniel ni siquiera estaba presente cuando el rey llamó a su gabinete de incompetentes. Sin embargo, la pena de muerte pendía sobre él. En realidad, este edicto no se debía solo a un temperamento violento. El rey era un hombre que obraba bajo los designios de Satanás, y el propósito de Satanás era eliminar a Daniel. Un hombre que decide no hacer concesiones en su vida suele llamar la atención de Satanás.

Graham Scroggie, un estudioso de la Biblia, hizo un profundo análisis de esta situación particular. Sus palabras ayudan a comprender mejor la batalla que hoy se libra entre creacionistas y evolucionistas:

Oh, el pecado y la insensatez de la pretenciosidad. El énfasis no debe ponerse en la ira ni en la crueldad de Nabucodonosor, sino en lo que la ocasionó. Estos sabios habían sido entrenados y pagados para interpretar los misterios, y es razonable suponer que los medios que les permitían interpretar un sueño también podrían emplearse para descubrir el sueño mismo. En realidad eran un fraude. Los cuatro hebreos estudiaron astrología para entenderla, no para creerla, así como hoy en día el estudiante de teología puede estudiar la evolución para entenderla, pero no para creerla. Daniel 2:10 demuestra con una sola frase que toda la astrología, la nigromancia, los oráculos, los sueños y las revelaciones sibilinas de todo el mundo pagano durante seis mil años no son más que imbecilidades y mentiras; y prueba que todas las religiones, artes, ciencias, filosofías, logros y poderes de los hombres, aparte de los profetas inspirados por Dios y un Cristo todo glorioso, no son más que vacío y vanidad en lo que respecta a cualquier conocimiento verdadero y adecuado del propósito y la voluntad de Dios.[1]

LA EDUCACIÓN SECULAR

¿Qué pasa cuando los padres cristianos envían a sus hijos a un ambiente secular para su educación? Los jóvenes reciben un bombardeo de informaciones y opiniones sobre todos los temas, algunas de las cuales son contrarias a la Palabra de Dios. Incluso los estudiantes que tienen sólidas creencias pueden sucumbir a la presión de los «sabios» de sus clases. Cuando se trata de ocuparse de las prioridades importantes de la vida que tienen que ver con la revelación de la Escritura, solo podemos hacerlo en un lugar donde hombres piadosos se sienten detrás del escritorio del profesor.

He escuchado a muchos padres decir: «Quiero que mi hijo tenga la mejor educación en su campo, y no puede obtenerla en una escuela cristiana». No creo que eso sea cierto. Muchas escuelas y colegios cristianos privados son académicamente rigurosos, y exhorto a los padres y a los estudiantes a que investiguen los beneficios que ofrecen. Los brillantes eruditos, que representan el punto de vista secular de la época, ni siquiera se han graduado de la guardería en cuanto a los asuntos importantes del reino de Dios.

AMISTAD CON EL VERDUGO

Cuando el matón del rey, Arioc, irrumpió en la casa de Daniel, listo para llevarlo a la horca como había ordenado el rey, fue recibido con cortesía por su víctima. Daniel sabía por qué estaba allí; las malas noticias viajan rápido. En lugar de retroceder como un animal acorralado o tomar una espada para defenderse, Daniel invitó a Arioc a sentarse y a discutir las cosas. «… "¿Por qué emitió el rey un decreto tan severo?"». Entonces Arioc le contó todo lo que había sucedido» (Dn 2:15, NTV). ¿No es interesante que Daniel se haya ganado la simpatía de Aspenaz, y ahora haya desarmado a Arioc? ¡Qué tipo!

Cómo me gustaría tener ese autocontrol en situaciones incómodas y poder manejar cada crisis con el aplomo y la compostura de Daniel. Tranquilamente se dirigió al rey y le pidió un aplazamiento de la ejecución para poder interpretar el sueño. Los hombres del rey trataron de ganar tiempo, pero no pudieron. Nabucodonosor declaró que su decisión ya estaba tomada y les dijo: «… por eso quieren ganar tiempo» (Dn 2:8). Pero Daniel fue a ver al rey y le dijo: «Mire, necesito un poco de tiempo para descifrar este sueño», y el rey le respondió: «Claro, Daniel, lo que tú necesites».

Daniel no necesitaba tiempo para buscar la respuesta en un manual de sueños, ni para consultar las estrellas ni al psicoanalista más cercano, sino para hacer lo que todos deberíamos hacer en situaciones tensas, orar.

Ruth Bell Graham escribió:

> Se nos dice
> que esperemos en Ti.
> Pero, Señor,
> no hay tiempo.
> Mi corazón implora
> de rodillas:
> «¡Date prisa!, por favor».[2]

Daniel llamó a sus compañeros de oración, Ananías, Misael y Azarías, para que se unieran a él en la petición de respuestas a Dios: «… les pidió que imploraran la misericordia del Dios del cielo en cuanto a ese sueño misterioso, para que ni él ni sus amigos fueran ejecutados con el resto de los sabios babilonios. Durante la noche, Daniel recibió en una visión la respuesta al misterio...» (Dn 2:18-19).

Dios le había dado a Daniel un increíble poder para comprender los sueños y las visiones, pero ese don no le impedía orar cuando surgía una crisis. Oró por la misericordia del cielo, pero lo más que los astrólogos podían hacer era llegar a las estrellas. Daniel, en cambio, conocía al Dios que hizo las estrellas. Fue directo a la cima para obtener su respuesta. No solo es inútil, sino también peligroso para los cristianos incursionar en la astrología o creer en los horóscopos diarios.

Durante la noche Dios le reveló a Daniel el sueño del rey. Creo que si yo hubiera sido Daniel, probablemente hubiera corrido inmediatamente al palacio para decírselo al rey. En lugar de eso, Daniel realizó una sesión de alabanza. Se arrodilló y expresó: «A ti, Dios de mis padres, te alabo y te doy gracias. Me has dado sabiduría y poder, me has dado a conocer lo que te pedimos, ¡me has dado a conocer el sueño del rey!» (Dn 2:23). Una de las mayores mentiras que decimos como cristianos es esta: «Y tendremos el cuidado de darte las gracias. En el nombre de Jesús. Amén». ¿En realidad lo hacemos? He tratado de disciplinarme para no decir eso nunca más, porque he descubierto que no soy tan cuidadoso.

SE REVELA EL SECRETO

Arioc, el matón del rey, llevó a Daniel al palacio y anunció con aire de suficiencia: «... Entre los exiliados de Judá he hallado a alguien que puede interpretar el sueño de Su Majestad» (Dn 2:25). No, no lo hallaste, Arioc. ¡Él te encontró a ti! Arioc se estaba atribuyendo el mérito de algo que no hizo, por eso tenía tanta prisa de decirle al rey que había encontrado la respuesta.

Cuando Daniel se presenta en la corte, vemos que censura indirectamente a los consejeros del rey.

> El rey le preguntó a Daniel [...]:
> —¿Puedes decirme lo que vi en mi sueño, y darme su interpretación?
> A esto Daniel respondió:
> —No hay ningún sabio ni hechicero, ni mago o adivino, que pueda explicarle a Su Majestad el misterio que le preocupa. Pero hay un Dios en el cielo que revela los misterios. Ese Dios le ha mostrado a usted lo que tendrá lugar en los días venideros...
> (Dn 2:26-28)

Tal vez parezca un poco arrogante, pero cuando estás armado con el poder del Espíritu Santo y te presentas ante paganos con el convencimiento que sigues la voluntad de Dios, puedes sentirte sumamente confiado. Así era Daniel. Sabía dónde estaba su poder y le daba la gloria a Dios. Si hubiera tomado para sí el honor que le correspondía a Dios, la historia habría terminado en este punto.

Al ver las acciones de un niño que se convierte en hombre, comenzamos a percibir la imagen completa de Daniel. Se mantiene sereno ante las crisis, es valiente cuando el comandante de la guardia viene a quitarle la vida, se muestra confiado ante Dios en la oración, cuando tiene éxito, inmediatamente alaba al Señor y cuando Dios responde a su oración muestra un espíritu contrito.

Creo que Dios espera encontrar algunas otras personas que sigan este patrón de conducta para poder bendecirlas como bendijo a Daniel.

Dios no solo le comunicó a este rey pagano los eventos futuros de su vida, sino también de la vida del mundo. La comprensión de las verdades proféticas de la Biblia depende del capítulo 2 de Daniel. ¿No nos sorprende Dios con las personas y las cosas que utiliza para Sus propósitos? Usó una burra para reprender al profeta amante del dinero, Balán. Encargó a unos cuervos que le llevaran pan y carne al profeta Elías. Ordenó a un gallo que reprendiera a Pedro por su reincidencia. ¡Incluso puede usarnos a ti y a mí!

¿POR QUÉ AHORA, DIOS?

¿Por qué Dios eligió un momento como ese, con Su pueblo en cautiverio, para revelar una profecía tan importante? Si hubieras sido un judío en esa época, te preguntarías: *¿Ha terminado Dios Su relación con nosotros? ¿Nos va a apartar de sí para siempre?* A través de un sueño y un intérprete, Dios quiso decirles a los judíos: *Este no es el final. Hay un tiempo futuro en el que voy a relacionarme con ustedes de nuevo, pero quiero decirles lo que va a pasar mientras tanto.*

El rey Nabucodonosor pensó que estaba en camino de ser el conquistador del mundo, pero lo que Dios quería decir era: «Puede parecer que estás en la cima ahora, pero solo estás dando un paso en dirección a tu ruina».

EL SUEÑO CONTINÚA

No se supone que las profecías de Daniel se mantengan en secreto. Cuando Jesús hablaba a Sus discípulos sobre las señales que indicarían el camino hacia Su segunda venida, expresó: «Así que cuando vean en el lugar santo "el horrible sacrilegio", de la que habló el profeta Daniel (el que lee, que lo entienda)» (Mt 24:15).

Al leer las noticias del día, muchas veces me desconciertan las acciones del ser humano. ¿Por qué algunos son absueltos de crímenes atroces y otros cumplen años de prisión por infracciones menores de la ley? ¿Cómo pueden algunos «músicos» que producen sonidos ensordecedores llenar grandes auditorios, mientras que los verdaderos artistas tocan en conciertos vespertinos a los que asisten escolares en su día de paseo? No entiendo a los políticos que prometen reducir los impuestos y luego los aumentan, ni a la gente que tiene hijos y abusa de ellos, ni a los estudiantes del cuadro de honor que se emborrachan hasta caer inconscientes. Ni siquiera trato de entender a las mujeres que compran compulsivamente, ni a los adolescentes que pueden hablar una hora por teléfono sin respirar.

Pero Dios dijo que podíamos entender la profecía.

¿Sobre qué era el sueño del rey? ¿Acaso nos importa lo que un hombre orgulloso, arrogante y malvado soñó hace más de veinticinco siglos? Jesús les dijo a Sus discípulos que prestaran atención a Daniel. ¿Podemos no hacerlo nosotros?

El rey Nabucodonosor probablemente estaba sentado en su salón del trono con la cabeza entre las manos, ojeras y una expresión de preocupación en su rostro. Entonces llega este joven judío cautivo que decía saber más que todos sus sabios. Bueno, dejemos que demuestre su valía.

Allí, en su cama, Su Majestad dirigió sus pensamientos a las cosas por venir, y el que revela los misterios le mostró lo que está por suceder. Por lo que a mí toca, este misterio me ha sido revelado, no porque yo sea más sabio que el resto de la humanidad, sino para que Su Majestad llegue a conocer su interpretación y entienda lo que pasaba por su mente.

En su sueño Su Majestad veía una estatua enorme, de tamaño impresionante y de aspecto horrible. La cabeza de la estatua era de oro puro, el pecho y los brazos eran de plata, el vientre y los muslos eran de bronce, y las piernas eran de hierro, lo mismo que la mitad de los pies, en tanto que la otra mitad era de barro cocido. De pronto, y mientras Su Majestad contemplaba la estatua, una roca que nadie desprendió vino y golpeó los pies de hierro y barro de la estatua, y los hizo pedazos. Con ellos se hicieron añicos el hierro y el barro, junto con el bronce, la plata y el oro. La estatua se hizo polvo, como el que vuela en el verano cuando se trilla el trigo. El viento barrió con la estatua, y no quedó ni rastro de ella. En cambio, la roca que dio contra la estatua se convirtió en una montaña enorme que llenó toda la tierra. (Dn 2:29-35)

Nabucodonosor probablemente miró fijamente a Daniel y expresó: «Eso es, ahora recuerdo. La estatua. ¡Aquella inmensa estatua!».

Dios utilizó la imagen de un hombre, no importa cuán grotesca fuera, para enseñarnos (a Nabucodonosor, a Daniel y a nosotros) lo que sucede en los días del hombre cuando el hombre es quien tiene el control. Esta es la historia de la civilización humana, no escrita por Will Durant ni por Edward Gibbon, sino por Dios mismo.

Israel, con la excepción de un remanente, había echado a un lado a Dios. Su propio pueblo había dicho: «No queremos que nos gobiernes». Así que Dios permitió que los gobernantes y los reinos gentiles paganos ocuparan el primer plano. El centro de influencia se trasladó de Jerusalén a Babilonia.

Daniel describió la estatua como una gran imagen, un gigante enorme e impresionante. El coloso del sueño de Nabucodonosor reflejaba la perspectiva del hombre respecto a los logros humanos. El hombre dice: «Mira los avances que hemos hecho en la ciencia, los viajes espaciales, la medicina, la comunicación, el transporte, la genética y la información. Somos mucho más sabios que nuestros padres y antepasados». Más adelante veremos el punto de vista de Dios sobre los logros del hombre.

El sueño es el testimonio de la transferencia del poder mundial de los judíos a los gobernantes gentiles. Estamos viviendo hoy en los tiempos de los gentiles. Hasta el día de hoy, la nación de Israel está siendo pisoteada por los gentiles, pero se acerca un momento, y puede ser pronto, en el que Dios se centrará de nuevo en Israel.

La estatua simboliza cuatro imperios del mundo, reinos que tienen la autoridad para gobernar el mundo entero. Daniel interpreta el sueño sobre estos reinos mundiales que aparecen como sucesores unos de otros. Nabucodonosor probablemente sonrió y olvidó su cansancio cuando Daniel le habló del primer reino.

> Su Majestad es rey entre los reyes; el Dios del cielo le ha dado el reino, el poder, la majestad y la gloria. Además, ha puesto en manos de Su Majestad a la humanidad entera, a las bestias del campo y a las aves del cielo. No importa dónde vivan, Dios ha hecho de Su Majestad el gobernante de todos ellos. ¡Su Majestad es la cabeza de oro! (Dn 2:37-38)

Babilonia, el reino dorado, estaba literalmente cubierta de oro. Cuando el historiador Heródoto la visitó, unos cien años después de Nabucodonosor, escribió que en toda su vida nunca había visto más oro ni se imaginó que pudiera haber tanto. Todo brillaba desde el palacio hasta la puerta de Istar.

El rey estaba encantado y tenía el ego por las nubes. Este inusual hombre, Daniel, hacía que la tensión desapareciera de su cuerpo como si se hubiera sumergido en un baño perfumado. Nabucodonosor vivía con más lujo que ningún otro rey desde Salomón.

Daniel le dijo:

> Después de Su Majestad surgirá otro reino de menor importancia. Luego vendrá un tercer reino, que será de bronce, y dominará sobre toda la tierra. Finalmente, vendrá un cuarto reino, sólido como el hierro. Y así como el hierro todo lo rompe, destroza y pulveriza, este cuarto reino hará polvo a los otros reinos.
>
> Su Majestad veía que los pies y los dedos de la estatua eran mitad hierro y mitad barro cocido. El hierro y el barro, que Su Majestad vio mezclados, significan que este será un reino

dividido, aunque tendrá la fuerza del hierro. Y como los dedos eran también mitad hierro y mitad barro, este reino será medianamente fuerte y medianamente débil. Su Majestad vio mezclados el hierro y el barro, dos elementos que no pueden fundirse entre sí. De igual manera, el pueblo será una mezcla que no podrá mantenerse unida. (Dn 2:39-43)

La historia nos da la perspectiva. Cuán sorprendentemente precisa es la Palabra de Dios en cada detalle profético. Sigue la descripción de la «estatua enorme, de tamaño impresionante». El segundo reino, el de plata, es el medo-persa. Este reino se revelará más adelante cuando la escritura aparezca en la pared. Observa que hay dos brazos en la parte de plata de la imagen, lo cual indica la naturaleza dividida del segundo imperio. Los medos y los persas. Juntos sometieron por la fuerza a Babilonia.

El tercer reino que gobernaría sobre toda la tierra era Grecia. Alejandro Magno, el más grande general de la antigüedad, conquistó y gobernó el mundo conocido en esa época. Murió en Babilonia, su vitalidad se agotó antes de cumplir los treinta y tres años. Los soldados bajo su mando utilizaban cascos, corazas, escudos y espadas de bronce y latón.

Luego del vientre y los muslos de bronce, vemos las piernas y los pies de hierro que simbolizan el siguiente imperio. Todos los escolares han oído hablar de las legiones de hierro de Roma, y, por supuesto, Roma fue el imperio que surgió después de Grecia.

Cincuenta años antes de que naciera Jesús, se estableció el Imperio romano, y continuó en el poder durante el ministerio terrenal del Señor. En su libro *Historia de la decadencia y caída del Imperio romano*, Gibbon escribió: «El imperio de los romanos abarcó el mundo, y cuando el imperio cayó en manos de una sola persona, el mundo se convirtió en una lúgubre prisión para sus enemigos. Oponer resistencia era fatal, y escapar imposible».[3]

Fue el poder romano el que puso a Jesús en la cruz. Fueron los romanos imperialistas los que gobernaron sin piedad en todo el mundo durante los primeros días de la iglesia. Las legiones romanas eran conocidas por su habilidad para aplastar sin misericordia cualquier resistencia.

No obstante, Daniel le dijo al rey que los pies de la estatua serían una mezcla de hierro y barro cocido. La Biblia enseña claramente que en el fin de los tiempos, durante la época del anticristo, habrá una confederación de diez reinos que gobernará el mundo. Muchos han visto en esta profecía de Daniel una imagen del renovado Imperio romano en el fin de los tiempos. En la actualidad vivimos en las secuelas del Imperio romano.

No hubo ningún otro imperio mundial desde los romanos, de modo que ¿dónde nos encontramos ahora en el esquema profético de Dios? Estamos a un paso de ese resurgimiento del Imperio romano, que estará conformado por diez partes o naciones. ¿Y qué lugar le corresponde a Estados Unidos en todo esto? No lo sé. Alguien ha sugerido que cuando la profecía se cumpla, Estados Unidos podría haber desaparecido ya como nación, o no ser lo suficientemente fuerte para ser considerada como una potencia. O Estados Unidos pudiera ser parte de una comunidad global más grande con sus raíces en la ley y las tradiciones romanas.

EL MILAGRO DE LA PROFECÍA

Cuando Nabucodonosor tuvo este sueño, Persia era un estado vasallo de Babilonia, los griegos un grupo de tribus guerreras y Roma un pueblo a orillas del río Tíber. No hay forma humana de que Nabucodonosor pudiera ver lo que Dios iba a hacer cuando esos reinos gentiles aparecieran en el futuro.

De nuevo podríamos decir: «¿Y qué más da?». Cuando Daniel describió el significado de esta extraña estatua, se identificaron los futuros reinos, pero ¿por qué debería interesarnos eso? En primer lugar, la profecía nos enseña algo que ya sabemos, y es que el gobierno humano se asienta sobre una base endeble. Observa la estatua. El oro, la plata, el bronce y el hierro se sostienen sobre una mezcla que es barro puro. ¿No es esta una imagen de los gobiernos tambaleantes de la tierra, con todo su alarde de inventos científicos? Son completamente inestables. Todo lo que tenemos que hacer es leer el periódico o ver los gobiernos que han colapsado en los últimos años. Han sido construidos sobre los inestables cimientos de las ideas humanistas, que son impredecibles y débiles.

Lo segundo que aprendemos de esta estatua es que el gobierno humano se va deteriorando. La aplicación de este sueño a nuestros días es aterradora. La escala de valor descendente del oro al barro sugiere que la degeneración del género humano a través de los tiempos es constante. Cada reino se construye sobre las ruinas del anterior. Esto debería suponer un golpe para los evolucionistas, que ven la estatua al revés y piensan que todo mejora cada vez más. ¿Alguien cree realmente que el mundo está mejorando?

Los metales (el oro, después la plata, luego al bronce y finalmente al hierro) se van degradando. La densidad del oro es 19,3, la de la plata 10,5, la del bronce 8,5, la del hierro 7,6 y la de la arcilla 1,9. Esta es una sorprendente prueba de lo que sucede cuando todo lo humano se aparta del patrón de oro.

La estatua representa el poder de los gobiernos. Babilonia era una monarquía, dirigida por Nabucodonosor con mano de hierro. Los medos y los persas tenían un gobierno oligárquico, es decir, un gobierno dirigido por unos pocos hombres. La forma de gobierno de los griegos era aristocrática, estaban dirigidos por la nobleza. Por último, el gobierno de Roma era imperialista. Despiadado y con un fuerte carácter militar, como la Alemania nazi.

En la perspectiva de Dios, la democracia no es Su tipo de gobierno. Soy la persona más patriótica que puedas imaginar, y no me gustaría vivir en otro lugar que no sea Estados Unidos, pero el gobierno de Dios no es una democracia. Es una monarquía. Esa monarquía, que Él establecerá algún día, será una teocracia, gobernada solo por Dios.

La razón por la que tenemos una democracia es porque no tenemos una monarquía de gobierno justo. Necesitamos algún sistema de equilibrio de poderes, por lo que nuestro gobierno se ha establecido de esa forma.

Cuando las trece colonias todavía formaban parte de Inglaterra, el profesor escocés Alexander Tytler escribió sobre la caída de la República ateniense hace más de mil años. Tytler expresó:

> Una democracia no puede existir como forma permanente de gobierno. Solo puede mantenerse hasta que los votantes descubran que pueden votar para adjudicarse ellos mismos dinero del tesoro público. A partir de ese momento la mayoría siempre vota por los candidatos que prometen más dinero del tesoro público, lo que trae como resultado que una democracia siempre se derrumba debido a una política fiscal poco rigurosa seguida de una dictadura. La edad promedio de las grandes civilizaciones del mundo ha sido de doscientos años. Estas naciones han transitado por las siguientes etapas: de la sumisión a la fe espiritual, de la fe espiritual al coraje, del coraje a la libertad, de la libertad a la abundancia, de la abundancia a la complacencia, de la complacencia a la apatía, de la apatía a la dependencia, y de la dependencia de nuevo a la sumisión.[4]

¿Dónde nos encontramos? Tenemos una forma de gobierno que se va deteriorando, no importa qué partido sea elegido ni quién sea el presidente.

La tercera imagen profética que nos brinda la estatua, después de la fragilidad de sus cimientos y el declive en las formas de gobierno humano, es la desintegración de la familia de gobierno. Esto no se refiere a una familia personal, sino a la familia de las naciones. En la humanidad hay dos elementos en conflicto: la voluntad férrea de la autoridad y la voz arcillosa del pueblo. A medida que nos acercamos al final de la era, esta lucha se hará cada vez mayor, y dividirá a las naciones. La gente se levantará contra los gobiernos y la autoridad intentará sofocar la voz del pueblo. Esto se incrementará en los días venideros.

Por último, la profecía de la estatua muestra la fuerza cada vez mayor del gobierno humano. Observa la imagen y nota cómo cada metal: el oro, la plata, el bronce y finalmente al hierro, aumenta su fuerza. Es abrumador darse cuenta de que a medida que decae nuestra moralidad, aumenta nuestra fuerza.

Todo esto nos recuerda que vivimos en el umbral del fin de la era. Justo cuando empezamos a deprimirnos, se nos habla de la roca que «se desprendía de una montaña; roca que, sin la intervención de nadie, hizo añicos al hierro, al bronce, al barro, a la plata y al oro» (Dan. 2:45). Este es el Señor Jesús que viene en Su gloria para destruir todos los gobiernos del mundo y, como una montaña, llenar toda la tierra.

En 1886, Franklin Belden escribió: «Busca las señales del camino» como un recordatorio para estar listos para el regreso de Cristo:

> Busca las señales del camino en tu viaje,
> busca las señales del camino al pasarlas una a una;
> a través de las edades más allá de los cuatro reinos,
> ¿dónde nos encontramos?
> Examina las señales del camino.
> Abajo, en los pies de hierro y barro cocido,
> débiles y divididos, próximos a desaparecer;
> ¿cuál será el siguiente gran y glorioso acontecimiento?
> ¡Cristo, Su venida y la eternidad![5]

«El gran Dios le ha mostrado a Su Majestad lo que tendrá lugar en el futuro» (Dn 2:45), ¡y no somos afortunados de que nos lo haya mostrado también!

5

CUANDO CRISTO GOBIERNE EL MUNDO

Daniel 2 nos enseña muy claramente algo que es cierto: los reinos de este mundo van desapareciendo, y el reino de Cristo es la única esperanza que tenemos de un gobierno mundial eterno y exitoso. Cuando ese reino llegue, todo será diferente. El diablo parece escribir la historia hoy, pero desaparecerá en un futuro próximo.

Al describir Daniel el sueño del rey, el clímax se alcanza cuando la gran roca se desprende de una montaña y cae a gran velocidad en dirección a la estatua. La golpea en los pies y la destruye hasta convertirla en polvo. La pregunta es, ¿quién o qué es la roca?

LA IDENTIDAD DE LA ROCA

No tenemos que adivinar la identidad de la roca. En la Escritura hay más de catorce referencias a Jesús con este nombre. En varias ocasiones se le llama la *roca golpeada*. En el Libro de Éxodo, cuando Moisés golpeó la roca (Éx 17:5-6), brotó agua. En el Nuevo Testamento, Pablo interpreta esta profecía milagrosa: «Todos también comieron el mismo alimento espiritual y tomaron la misma bebida espiritual, pues bebían de la roca espiritual que los acompañaba, y la roca era Cristo» (1 Co 10:3-4). La roca golpeada de Éxodo llega a ser una imagen del Cristo herido en la cruz. Es allí donde al brotar Su sangre Él se convierte en la fuente de bendición y en el Redentor del mundo.

Cristo es también la *piedra de tropiezo*. El apóstol Pablo citó al profeta Isaías: «Miren que pongo en Sión una piedra de tropiezo y una roca que hace caer; pero el que confíe en él no será defraudado» (Ro 9:33, de Is 8:14; 28:16).

Además, Cristo es la *piedra principal*. En cada edificación de piedra hay una piedra que es fundamental. Es la piedra sobre la que descansa el peso de toda la estructura. A veces se le llama piedra principal, o piedra angular. Jesús es la piedra angular, o la piedra sobre la que descansa el peso de la casa. Isaías escribió: «… ¡Yo pongo en Sión una piedra probada!, piedra angular y preciosa para un cimiento firme; el que confíe no andará desorientado» (Is 28:16). ¿Cómo pudo Isaías, que vivió más de setecientos años antes de Cristo, describir las características de Jesús con tanta precisión? Porque era uno de los más grandes profetas de Dios.

El estudio de la profecía es siempre fascinante. Una y otra vez descubrimos que Jesucristo es la roca. Ahora Daniel también nos dice que Él es la *roca que golpea*. Vendrá y destruirá la estatua que representa a los gobiernos mundiales de nuestros días. ¡Qué revés para Nabucodonosor! En su mente habría visto la roca rodar por la montaña, como un esquiador olímpico, y pulverizar la estatua. Entonces la roca llenará toda la tierra, lo cual representa el venidero reino de Cristo.

UNA MIRADA AL REINO VENIDERO

El reino de Cristo que vendrá en el fin de los tiempos es un reino sobrenatural. La Escritura afirma que esta roca, que se convertirá en una montaña enorme, se desprendió sin la intervención de nadie; es decir, no la hizo el hombre. Podemos hacer ladrillos. Podemos construir superestructuras y rascacielos. Pero solo Dios puede hacer una roca. Ninguna mano humana creó la sustancia de Cristo; fue implantado en el vientre de María por el Espíritu Santo y resucitó de la tumba por Su propio poder. Vendrá un día a establecer un reino sobrenatural, que no se parecerá a nada que hayamos conocido.

Su reino llegará de repente. Todos los otros reinos representados en la estatua del sueño, Babilonia, Medo-Persia, Grecia y Roma, se construyeron unos sobre otros y de una forma gradual. El reino de Cristo vendrá con un golpe repentino y decisivo. Él no se nos va a acercar sigilosamente. Los estudiosos de la profecía consideran que la segunda venida de Cristo será en dos fases: primero, el arrebatamiento de la iglesia, que se llevará a todos los creyentes antes de la tribulación, y después el segundo advenimiento, que tendrá lugar prediciblemente al final de los siete años de tribulación. Según el Libro de Apocalipsis, todos los creyentes regresarán con Cristo para establecer Su reino en la tierra.

Cuando Cristo venga a establecer Su reino, todos lo verán. «La señal del Hijo del hombre aparecerá en el cielo, y se angustiarán todas las razas de la tierra. Verán al Hijo del hombre venir sobre las nubes del cielo con poder y gran gloria» (Mt 24:30). Este es el segundo advenimiento, no el arrebatamiento, y no solo será un suceso sobrenatural y repentino, sino también será severo.

Especialmente en Navidad cantamos sobre el niño Jesús, pero Él también es un juez justo. Un día, este viejo mundo que lo ha rechazado, lo ha convertido en el hazmerreír de las naciones y ha usado Su nombre como una palabrota, lo verá regresar montado en un caballo blanco y dar un golpe mortal a las naciones.

El profeta Malaquías hizo una escalofriante descripción del momento en que Cristo volvería para establecer Su reino. «Miren, ya viene el día, ardiente como un horno. Todos los soberbios y todos los malvados serán como paja, y aquel día les prenderá fuego hasta dejarlos sin raíz ni rama —dice el SEÑOR Todopoderoso—» (Mal 4:1).

La Escritura afirma que cuando Jesús regrese gobernará toda la tierra. La montaña que Daniel vio llenar toda la tierra es el gobierno soberano del Rey Jesús. El Libro de Salmos 72:11 expresa: «Que ante él se inclinen todos los reyes; ¡que le sirvan todas las naciones!».

El reino de Cristo también será exitoso. No habrá revoluciones, ni campañas políticas, ni sistemas de partidos, ni decadencia. Será un monarca sin sucesor, y será un reino sin fin. No habrá dictador, ni sublevación, ni golpe de Estado que derroque a este gobernante. Su reino permanecerá para siempre. Cuando Daniel afirma esto, quiere decir durante una edad, que a veces significa durante una edad específica. El Libro de Apocalipsis nos dice que será de mil años, o un milenio.

QUÉ CREER ACERCA DEL MILENIO

¿Hay en la historia algún indicio de un reino sobrenatural, repentino, severo, soberano y exitoso? Nunca ha existido. Muchos lo han intentado, pero todos han fracasado. Sin embargo, hay un grupo de teólogos a los que les gusta decirnos que ya ocurrió de otra manera. Se llaman a sí mismos amilenaristas, lo cual significa que no creen que vaya a haber un milenio ni que habrá un reino. Afirman que es el reino de Cristo que gobierna y reina en nuestros corazones, y que la iglesia de Jesucristo es el reino. Los amilenaristas consideran que nos estamos convirtiendo en el reino de Cristo al tomar el control del mundo mediante la conversión, pero la Biblia afirma que cuando el Rey venga, será algo repentino. La única forma en que los amilenaristas podrían explicar esta profecía es decir que, cuando Jesús venga, el mundo entero se convertirá al cristianismo.

Nuestros amigos amilenaristas tienen una segunda dificultad al explicar cómo la iglesia, o los cristianos, podrían ser el reino de Cristo si Su venida es severa. La tercera dificultad tiene que ver con la soberanía del reino. Cuando Cristo reine en esta tierra no habrá libre albedrío para Sus súbditos. Toda rodilla se doblará y toda lengua confesará. Ciertamente no hay evidencia, mil novecientos años después de Cristo, de que el reino haya conquistado el mundo.

Y cómo explicamos que el reino de Cristo va a ser exitoso, sin embargo, hoy en día el índice de conversión está por debajo de la tasa de natalidad. No estamos ganando terreno; lo estamos perdiendo. Si este es el reino que se supone que debe llenar toda la tierra, estamos retrocediendo.

MI POSICIÓN

Creo que Jesucristo regresa antes del milenio, y que va a establecer el milenio después de Su regreso. El milenio no va a hacer que este mundo sea apto para que el Señor regrese; Él estará aquí para establecerlo por sí mismo. Es importante saber lo que creemos, y no ver esto solo como un tema para teorizar y adivinar.

Cuando veo calcomanías en los parachoques y camisetas que proclaman «Paz ahora», sonrío y pienso: *Debemos hacer todo lo posible para mantener la paz y así poder predicar el evangelio, pero no podemos detener todas las guerras hasta que Jesús regrese y termine con todo.*

Cristo volverá cuando esté listo, y establecerá Su reino sin nuestra ayuda. Por eso debemos orar junto a Isaías esta gran plegaria: «¡Ojalá rasgaras los cielos, y descendieras!...» (Is 64:1). Y en la isla de Patmos podemos decir con Juan: «Amén. ¡Ven, Señor Jesús!» (Ap 22:20). Esa es la única esperanza de una paz duradera.

Charles Wesley tomó la oración de Isaías y la declaración de Juan y escribió un gran himno que rara vez se canta en nuestras iglesias hoy en día.

Mira, viene descendiendo en una nube,
el que una vez por los pecadores murió;
asisten miles y miles de santos
que aumentan el triunfo de Su séquito.
¡Aleluya! ¡Aleluya!
Dios llega a la tierra para reinar.

Ahora el Salvador, largamente esperado,
con gran solemnidad vemos aparecer.
Todos Sus santos rechazados por el hombre,
en el aire se encontrarán con Él.
¡Aleluya! ¡Aleluya!
Vean llegar el día de Dios.

¡Sí, amén! Que todos Te adoren,
en lo alto de Tu trono eterno.
Salvador, toma el poder y la gloria;
reclama para ti el reino.
¡Oh, ven rápido, oh, ven rápido!
Dios eterno, ven.[1]

Mi corazón entona esa misma canción cuando veo el mundo de hoy. ¿Significa eso que no trato de mejorar este lugar? No, por supuesto que no. Pero sí quiere decir que soy realista sobre cualquier esperanza que tengamos de éxito final. Si podemos hacer algo con nuestra vida, deberíamos preparar a las personas para la primera vez que venga el Rey a sacar a Sus santos de este mundo. Cuando venga por segunda vez para gobernar y reinar, habrá muchas personas que no son parte del reino hoy que serán parte del reino eterno porque hemos tenido alguna influencia en sus vidas.

¿CUÁNDO VA A VOLVER CRISTO?

No soy dado a fijar fechas. Sin embargo, el próximo suceso inminente es el arrebatamiento, luego el período de la tribulación por siete años, seguido por el regreso de Cristo al final de la tribulación. Puede que estemos a tan solo siete años del reino de Cristo. Sé que solo hay dos cosas que tienen que suceder: el grito y la trompeta. «Pues el SEÑOR mismo descenderá del cielo con un grito de mando, con voz de arcángel y con el llamado de trompeta de Dios. Primero, los cristianos que hayan muerto se levantarán de sus tumbas. Luego, junto con ellos, nosotros los que aún sigamos vivos sobre la tierra, seremos arrebatados en las nubes para encontrarnos con el SEÑOR en el aire. Entonces estaremos con el SEÑOR para siempre» (1 Ts 4:16-17, NTV).

Después de esto, comenzará la tribulación, y pasados siete años el Señor volverá con Sus santos para limpiar el caos y establecer Su reino.

Sin embargo, quiero dejar claro que después del arrebatamiento no hay una segunda oportunidad para los que han escuchado la Palabra de Dios y han rechazado a Cristo (ver 2 Ts 2:9-10). Solo hay una oportunidad, y es aquí y ahora. Dios nos ha dado dos opciones: podemos inclinarnos ante Él ahora con fe salvadora, o algún día nos inclinaremos ante Él como el Rey soberano. Podemos inclinarnos ante Él ahora y pedirle que sea el Señor de nuestra vida, o podemos rechazarlo y algún día ser súbditos involuntarios del Rey, para ser juzgados por Él y enviados a un vergonzoso destino eterno.

Como ministro, a menudo hay personas que me comentan: «No quiero que me digan que iré al infierno si no acepto a Cristo». Bueno, a mí tampoco me gusta decirle a la gente que irá al infierno. Pero es así. Ni los actos bondadosos, ni la filantropía, ni la conducta decente nos darán un boleto al cielo.

NABUCODONOSOR DE RODILLAS

Cuando Daniel terminó de interpretar el sueño de Nabucodonosor, el rey bajó de su trono y se arrojó al suelo. Afirmó creer que el Dios de Daniel era el Dios de dioses. Si esa profesión de fe era real o no, nunca lo sabremos hasta que lleguemos al cielo. Pero al menos en ese momento expresó esas palabras.

En lugar de una sentencia de muerte, Daniel recibió un importante puesto en la corte. Desde ese momento, fue un alto funcionario del gobierno y nunca fue destituido. Cuando Daniel se convirtió en jefe de los sabios, hizo algunos nombramientos. Probablemente pensó: *Todos estos místicos, astrólogos y hechiceros no me van a ser de mucha ayuda. Traeré a mi propia gente.* Así que Sadrac, Mesac y Abednego fueron nombrados administradores de la provincia de Babilonia, y Daniel permaneció en la corte real.

Los tres amigos de Daniel serán recordados por siempre. Pero la verdadera historia de su experiencia es más sorprendente que cualquier relato de ficción que aparezca en libros y canciones.

6

UNA FE ARDIENTE

A finales de la década de 1960 hubo un hombre, un líder terrorista, partidario del derrocamiento violento del gobierno de Estados Unidos, que escapó de la policía y se exilió en Francia. Fue allí donde afirmó haber visto a Jesús en las nubes y se convirtió en un creyente renacido. Regresó a Estados Unidos, listo para enfrentar cargos criminales y proclamar su conversión en los medios de comunicación y en iglesias llenas de fieles. Algún tiempo después se conoció que se había unido al culto de Sun Myung Moon.

Cuando alguien conocido hace una confesión de fe radical, una de las primeras cosas que a menudo sucede es que aparece en la televisión o en el circuito de iglesias. Pero muchas veces, antes de que nos demos cuenta, esa persona nos avergüenza por algo que dice o hace. Tenemos que esperar la prueba del tiempo antes de presentar a alguien como un modelo a seguir, incluso en el caso de las celebridades.

Nabucodonosor dio testimonio de su fe en el Señor, pero cuando oímos hablar de él en el capítulo 3 de Daniel, no nos causa una buena impresión. Según la traducción que de este pasaje hace la Septuaginta (la versión griega más antigua del Antiguo Testamento), habían pasado entre dieciséis y veinte años desde el final del capítulo 2 hasta el comienzo del capítulo 3. Así que Nabucodonosor tuvo mucho tiempo para repensar su impulsivo compromiso con el Señor y volver a su egolatría.

LA ESTATUA EN EL DESIERTO

El rey ordenó a sus maestros de obra, diseñadores y expertos en el repujado del oro que erigieran una estatua a su imagen. Se había impresionado tanto con el sueño que debió haber pensado: *Si soy la cabeza de oro, ¿por qué no ser todo el cuerpo?* Esta estatua no era como las que vemos en medio de un parque público; era una monstruosidad colosal, grotesca y brillante. La Escritura dice que tenía sesenta codos de alto y seis de ancho. ¡Es decir, veintisiete metros (90 pies) de alto! Sus proporciones estaban desequilibradas (al igual que la mente del rey). La relación entre su altura y su ancho era de diez a uno, lo que significa que era un hombre extremadamente delgado. La proporción promedio del cuerpo de una persona hoy es de cinco a uno. Todo ese oro, brillando al sol, podría haberse visto a kilómetros de distancia.

Para celebrar su dedicación, se invitó a la crema de la sociedad babilónica. «Luego envió mensajes a los altos funcionarios, autoridades, gobernadores, asesores, tesoreros, jueces y magistrados y a todos los funcionarios provinciales para que asistieran a la dedicación de la estatua que había levantado» (Dn 3:2, NTV). Todos aceptaron. Fue un ejemplo de presión social al más alto nivel. El único de los funcionarios que estaba ausente era Daniel, y probablemente había sido enviado a otro lugar en una misión del rey. Ese detalle aparentemente insignificante tiene un propósito en el plan final de Dios.

No fue coincidencia que los diseñadores de esta extraña estatua la hicieran de 60 codos de alto y 6 codos de ancho. En Apocalipsis 13:18, el número de la bestia del anticristo es el número del hombre, 666. La Biblia le da el número seis a la humanidad; siete es el número de la perfección. Siempre nos quedamos cortos.

La estatua es una buena imagen de la humanidad; fue hecha de madera recubierta de oro. Así son nuestros proyectos: imperecederos por fuera, pero inferiores en su interior. El hombre siempre tiene proyectos gigantescos, pero cuando se llega a la esencia de ellos, no hay mucho allí.

La razón principal por la que el rey Nabucodonosor erigió esta estatua en el desierto era tratar de unir su reino desde el punto de vista religioso, hacía grandes esfuerzos en esa dirección. Gobernaba un vasto imperio, y decidió que la forma de unificarlo era a través de la religión: hacer que todos se inclinaran ante esta imagen. Eso es lo que el anticristo hará en el fin de los tiempos.

El segundo objetivo del rey era deificarse a sí mismo. Cuando estudiamos la historia descubrimos que los grandes ególatras que han querido conquistar el mundo han tratado de usar la religión para sus propósitos. A finales de la década de 1930, alguien escribió:

Uno no puede ser un buen alemán y al mismo tiempo negar a Dios. Pero una declaración de fe en la Alemania eterna es una declaración de fe en el Dios eterno. Todo aquel que sirva a Adolf Hitler, el *Führer*, sirve a Alemania, y todo aquel que sirva a Alemania sirve a Dios.[1]

Más tarde, en 1942, se escribió lo siguiente:

Se habla mucho en Alemania sobre las características mesiánicas de Hitler. La tesis de que Hitler es un ser milagroso enviado por un poder supremo, y que es capaz de una comunión mística con las masas alemanas está ganando mayor aceptación. Por lo tanto, el ataque a la religión cristiana se vuelve más fuerte. En Alemania, no se intenta erradicar la fe en lo sobrenatural. Lo que se busca es algo más blasfemo: reemplazar a Cristo. En lugar de descartar la religión, ahora se falsifica. Esta insólita tendencia no tiene paralelo en los últimos dos mil años. Los nazis están tratando de crear un antitipo del cristianismo. Han hecho de su líder su Dios.[2]

Sabemos que eso es históricamente cierto. Nabucodonosor trataba de unificar a la gente alrededor de su imagen.

Cuando esta gran cantidad de personas se reunió en los llanos de Dura, con sus manos protegiendo sus ojos del reflejo del sol sobre la imagen dorada, el rey dio órdenes a su predicador profesional, un heraldo de voz fuerte. Como todos los falsos dioses tienen sus predicadores, el rey tenía a este hombre que le decía a la multitud lo que le pagaban por decir. Anunció que cuando la orquesta tocara, todos tenían que inclinarse rostro en tierra. Adorar o morir quemado eran las únicas opciones.

La orquesta era un grupo extraño; nunca habrían llegado a ser una filarmónica. De todos los instrumentos, desde el arpa hasta las zampoñas, salían notas disonantes para la adoración. Creo que este es uno de los primeros ejemplos en la Palabra de Dios de la prostitución de la música. Casi todas las grandes sectas y los -ismos, todas las falsas religiones, han encontrado alguna manera de usar la música para sus propósitos perversos. Es un tipo de control mental. Creo de todo corazón que la música pertenece a Dios. Pertenece a los ángeles. Pertenece al pueblo de Dios. El mundo toma lo que le pertenece a Dios y lo prostituye para sus propios fines.

La banda tocó y la multitud (alguien ha estimado que habría hasta trescientas mil personas de todo el vasto imperio) se inclinó rostro en tierra. Todos, menos tres. ¿Puedes imaginarte lo mucho que sobresaldrían estos tres hombres cuando miles y miles estaban en el suelo y solo ellos estaban de pie?

Me recuerda una experiencia que mi esposa, Donna, y yo tuvimos de recién casados. Teníamos muchos buenos amigos en la universidad, y solíamos hacerles algunas bromas cuando estaban a punto de casarse. Una vez, por ejemplo, conseguimos la llave del apartamento de unos amigos mientras estaban de luna de miel, y entramos y quitamos todas las etiquetas de las latas de conservas. Durante seis meses, cada comida fue una aventura. «¿Será comida para perros o melocotones lo que comeremos esta noche?».

Cuando anunciamos nuestra boda, sabíamos que habría alguna venganza. Pensé que uno de los objetivos sería nuestro coche. Tenía un Chevy Impala rojo de 1961, convertible con el techo blanco. Era nuestro orgullo y alegría en aquellos primeros tiempos, y sabía que alguien trataría de hacernos una broma con él. Sin embargo, pensé que podía ser más hábil que los bromistas. Fui a un centro comercial cercano al lugar de nuestra boda y lo aparqué justo en medio del estacionamiento. Debía haber dos mil coches en ese lugar. Pensé que nunca lo encontrarían.

Esa noche después de la ceremonia fui a buscar nuestro coche, y allí estaba mi Impala rojo y blanco descapotable, solo en medio del aparcamiento. El centro comercial había cerrado a las 5 p. m.

Creo que los tres judíos sobresalían más entre la multitud que mi solitario coche.

LA CONSPIRACIÓN DE LOS SABIOS

Aquí la trama comienza a complicarse. Los astrólogos se acercaron a Nabucodonosor y le hicieron una reverencia. Le recordaron que había ordenado que todos se inclinaran. Tal vez el rey tenía mala vista. ¿Cómo pudo dejar de notar que tres traidores no habían acatado su orden?

Salomón expresó: «Los celos [...] brasas de fuego, fuerte llama» (Cnt 8:6, RVR1960), y los astrólogos querían oler la carne quemada de Sadrac, Mesac y Abednego.

Nabucodonosor estaba furioso. Ordenó que trajeran a los tres judíos y repitió la orden. Esta vez no le dijo a su predicador pagado que anunciara el momento de la adoración; lo hizo él mismo. Ordenó: «En cuanto escuchen la música de los instrumentos musicales, más les vale que se inclinen ante la estatua que he mandado hacer, y que la adoren. De lo contrario, serán lanzados de inmediato a un horno en llamas, ¡y no habrá dios capaz de librarlos de mis manos!» (Dn. 3:15).

Los miembros de la orquesta tenían sus instrumentos listos y esperaban la señal de la batuta. Miles de ojos debieron clavarse en las espaldas de los tres judíos mientras permanecían de pie ante el rey. Los condenados comprendían que realmente no había opción para ellos. Conocían la ley del Antiguo Testamento que habla claramente de la idolatría. «No te hagas ningún ídolo, ni nada que guarde semejanza con lo que hay arriba en el cielo, ni con lo que hay abajo en la tierra, ni con lo que hay en las aguas debajo de la tierra. No te inclines delante de ellos ni los adores...» (Éx 20:4-5). Tenían que elegir entre el mandato del rey y la Palabra de Dios.

La idolatría no es solo la adoración de falsos dioses, sino también la adoración del verdadero Dios por medio de imágenes. Juan Calvino, el gran teólogo, expresó: «No se puede encontrar una verdadera imagen de Dios en todo el mundo; y por lo tanto, Su gloria es profanada, y Su verdad corrompida por la mentira, cada vez que Él es puesto delante de nuestros ojos de manera visible [...]. Por consiguiente, hacer cualquier imagen de Dios, es en sí mismo impío; debido a que a través de esta corrupción Su majestad es adulterada, y Él es proyectado como algo que no es».[3]

Hay mucha idolatría en nuestros días, no solo en la iglesia sino también en el mercado. A Dios no le interesa que lo adoren a través de algo; Él quiere que lo adoren en espíritu y en verdad. Llevar una cruz o un crucifijo no hará de una persona un cristiano, ni es siempre una manera de honrar al Señor.

El rey estaba dispuesto a darles otra oportunidad si reconsideraban su actitud desobediente, pero dejó claro que aplicaría el castigo si se negaban. Podemos notar el sarcasmo en su voz cuando les dice: «¡Y no habrá dios capaz de librarlos!». Qué pronto olvidó que fue ese Dios quien lo honró con un maravilloso sueño que Daniel fue capaz de interpretar. Fue ese Dios quien le dio a conocer toda la historia del mundo. Ese Dios creó a Nabucodonosor, lo protegió, lo vistió, lo alimentó y le otorgó el gobierno del primer imperio mundial. Había olvidado a ese Dios, pero en unos pocos años el poder de ese Dios iba a ponerlo de rodillas.

La historia de la iglesia se ha escrito con sangre. Siempre habrá guerra entre los poderes de la oscuridad y los poderes de la luz, y siempre habrá gobernantes paganos que dirán con sarcasmo: «¿Quién es ese dios?».

La respuesta de estos tres hombres es una de las mayores declaraciones de fe que aparecen en la Biblia. Me emociona leerla:

Sadrac, Mesac y Abednego le respondieron a Nabucodonosor:
… —¡No hace falta que nos defendamos ante Su Majestad! Si se nos arroja al horno en llamas, el Dios al que servimos puede librarnos del horno y de las manos de Su Majestad. Pero aun si nuestro Dios no lo hace así, sepa usted que no honraremos a sus dioses ni adoraremos a su estatua. (Dan. 3:16-18)

Tenían una orden de Dios y eso es todo lo que necesitaban. El camino del deber estaba claro; no tenían que pensar en ello ni reunirse para discutirlo. ¡Qué ejemplo!

Esto es lo que el mundo pide a gritos hoy: hombres y mujeres, niños y niñas, que tengan convicciones y que no las cambian según las circunstancias. Estos tres hombres sabían lo que Dios quería que hicieran, y no temían las consecuencias.

Atanasio fue uno de los primeros padres de la iglesia. Estamos en deuda con él por la pureza de la doctrina de la divinidad de Jesucristo. Se cuenta que alguien se le acercó y le dijo: «Atanasio, ¿acaso no sabes que el emperador está en tu contra, los obispos están en tu contra, la iglesia está en tu contra y el mundo entero está en tu contra?». Atanasio respondió: «Entonces estoy contra el mundo entero». Se acuñó una frase que se hizo bastante famosa en la iglesia primitiva: *Atanasio contra el mundo entero*.

Studdert Kennedy fue capellán durante la Primera Guerra Mundial. A menudo se vio en el frente de batalla y ministró en lugares peligrosos para su vida. Un día, mientras atravesaba Francia, escribió una carta a su hijo, que tenía unos diez años. Esto es lo que le escribió a su pequeño:

> La primera oración que quiero que mi hijo aprenda a decir para mí no es: «Dios, mantén a salvo a papá —sino—, «Dios haz que papá sea valiente. Y si tiene cosas difíciles que hacer, dale fuerzas para hacerlas».
>
> Hijo, la vida y la muerte no importan. Pero el bien y el mal sí. Papá muerto sigue siendo papá, pero papá deshonrado ante Dios es algo demasiado horrible para expresarlo con palabras. Supongo que también te gustaría referirte un poco a la seguridad, y a mamá le gustaría eso, estoy seguro. Bueno, lo incluyes después, porque realmente no importa tanto como hacer lo correcto.[4]

No sabemos si Sadrac, Mesac y Abednego alguna vez actuaron irresponsablemente respecto a lo que es correcto, pero sí sabemos que tuvieron un entrenamiento bastante sólido en la ley de Dios.

Cuando los tres respondieron, el rey explotó. Su orgullo estaba herido, no se había cumplido su voluntad, y estaba tan enojado que no pudo contener su ira. Nabucodonosor es un caso interesante. Era un hombre de extremos: la mayor estatua, el oro más caro, la fiesta más fastuosa. Podía hacer un verdadero espectáculo. Cuando pronunció su juicio, tuvo que ser el peor que se le ocurrió. Los quemaría vivos en el horno. Pero por si fuera poco, ordenó: «¡Echen más carbón! ¡Háganlo siete veces más caliente! ¡Aumenten la temperatura!». Luego escogió a los soldados más fuertes de su ejército para que ataran a los judíos de modo que no se pudieran mover. La ira que sentía le había hecho perder el control.

Es curioso que este horno estuviera en medio del desierto, y eso nos hace preguntarnos si el rey no habría planeado de antemano lo que haría si lo desobedecían. El horno era una gran estructura en forma de barril con una gran abertura en la parte superior. Las víctimas debían ser arrojadas desde arriba. Cuando los soldados empujaron a los judíos desde la parte superior, el fuego estaba tan ardiente que los captores se convirtieron en cenizas antes de que Sadrac, Mesac y Abednego cayeran dentro. Si eso no bastó para asustar a los presentes, la siguiente escena debió hacer que sus ojos se les salieran de sus órbitas.

Las emociones del rey eran una montaña rusa, podían provocarle un ataque al corazón a cualquier persona.

En ese momento Nabucodonosor se puso de pie, y sorprendido les preguntó a sus consejeros:

—¿Acaso no eran tres los hombres que atamos y arrojamos al fuego?

—Así es, Su Majestad —le respondieron.

—¡Pues miren! —exclamó—. Allí en el fuego veo a cuatro hombres, sin ataduras y sin daño alguno, ¡y el cuarto tiene la apariencia de un dios! (Dn 3:24-25)

El rey debe haberse acercado a la puerta del horno con gran precaución, con el corazón desbocado y el rostro sudoroso, entonces gritó: «Sadrac, Mesac y Abednego, siervos del Dios Altísimo, ¡salgan de allí, y vengan acá!».

Los tres salieron del horno, probablemente pasaron sobre los restos carbonizados de los guardias, y se pararon ante sus acusadores, tranquilos y bien arreglados. Sus ropas y su pelo estaban intactos, y ni siquiera olían a humo.

El rey Nabucodonosor, fiel a su naturaleza impulsiva y errática, expresó: «... ¡Alabado sea el Dios de estos jóvenes, que envió a su ángel y los salvó! Ellos confiaron en él y, desafiando la orden real, optaron por la muerte antes que honrar o adorar a otro dios que no fuera el suyo» (Dn 3:28).

Con la dureza acostumbrada, el rey ordenó que todo aquel que expresara algo contra el Dios de los judíos fuera cortado en pedazos y sus casas quemadas. Y, como había hecho antes con Daniel, ascendió al inflexible trío a puestos aún más altos.

¿POR QUÉ NO SUFRIERON DAÑO ALGUNO?

¿Por qué Dios salva a algunos y a otros no? ¿Por qué un bebé inocente muere y un asesino queda libre? Nos debatimos constantemente con esas preguntas. No tengo las respuestas; sin embargo, creo que Dios nos enseña a través de Su libro y de las historias de Sus hijos. Cuando nuestros amigos se negaron a inclinarse ante la estatua, expresaron su compromiso absoluto con Dios. No necesitaban discutirlo, ni hacer consultas telefónicas, ni negociar.

También tenían una confianza absoluta en Dios. «Sabemos que Dios puede librarnos del horno en llamas». Reconocieron además que la voluntad de Dios podría no coincidir con sus deseos, pero no condicionaron su obediencia a que Él hiciera lo que ellos querían. Es aquí donde nos quedamos muy cortos. Oramos: «Señor, sácame de este lío y haré lo que quieras». Hacemos promesas lacrimosas para tratar de negociar un acuerdo con el Señor. Pero estos hombres no intentaron reescribir el guion. Solo dijeron: «Señor, no sabemos cómo lo vas a hacer. Ni siquiera sabemos con seguridad lo que vas a hacer, pero creemos en Ti».

Las historias sobre el valor nos inspiran, pero rara vez vemos un valor tan absoluto al servicio de Dios como el que mostraron estos judíos. Siempre que Dios nos asigna una tarea difícil, parece haber una lista de justificaciones para no hacerla. Sadrac, Mesac y Abednego ni siquiera tenían a Daniel como apoyo; estaba fuera de la ciudad, probablemente en otra provincia por asuntos del rey. Los tres tenían la gran oportunidad de ascender en la jerarquía del reino babilónico. Si desafiaban al rey, obviamente no serían promovidos. Podían haber hecho una racionalización (y muchos de nosotros somos muy buenos en eso) y decir: «Señor, nos necesitas en puestos de importancia. Inclinarse no es una infracción tan grave, ¿verdad?». Si ese hubiera sido su razonamiento, nunca habríamos oído hablar de ellos. Habrían sido parte del vasto ejército de los desconocidos. La historia no suele ensalzar los actos de cobardía.

Se dice que cuando fueron a quemar en la hoguera a Jerónimo de Praga, uno de los primeros mártires del cristianismo, el verdugo se colocó a sus espaldas para encender el fuego, entonces Jerónimo le dijo: «Ven aquí y enciende el fuego ante mis ojos, porque si hubiera temido tal visión nunca habría venido a este lugar cuando tuve la oportunidad de escapar». El verdugo encendió el fuego frente a él, y Jerónimo comenzó a cantar un himno que no pudo terminar porque las llamas pronto lo consumieron. Valentía absoluta.

Cuando Martín Lutero iba camino a ser excomulgado, se presentó ante el emperador Carlos V y una asamblea de príncipes, y expresó:

> Mi causa será encomendada al Señor porque Él vive y reina, y protegió a tres niños en el horno del rey de Babilonia. Si Él no desea protegerme, mi vida es algo insignificante comparado con

Cristo. Pueden esperar de mí cualquier cosa, excepto que huya o que me retracte, no huiré ni mucho menos me retractaré. Que el Señor Jesús me fortalezca.[5]

Sadrac, Mesac y Abednego eran absolutamente conscientes de la presencia de Dios. Cuando caminaban dentro del horno en llamas, hablaban con el Señor. Conocían al Señor de antemano, y Él estaba junto a ellos. Isaías profetizó (150 años antes): «Cuando camines por el fuego, no te quemarás ni te abrasarán las llamas» (Is 43:2). Por cierto, este pasaje no valida una experiencia de caminar sobre el fuego hoy en día. Por favor, no lo intentes.

He comprobado en mi propia vida, y por lo que muchas personas me han dicho, que cuando enfrentamos las pruebas más duras, el horno más ardiente, somos más conscientes de la presencia del Señor que en cualquier otro momento. En el proceso de nuestras pruebas personales, Dios también se hace cargo de nuestros enemigos. Los guardias que los arrojaron al horno ardieron en llamas.

El fuego también sirvió para quemar las cuerdas que los ataban, y quedaron libres. Muchas veces, cuando el fuego es tan ardiente que pensamos que nos vamos a quemar, salimos de él liberados de las cosas que nos preocupaban.

Cuando el rey Nabucodonosor vio la cuarta figura en el fuego, en realidad estaba viendo a Cristo cientos de años antes de su nacimiento virginal. ¡Qué idea tan asombrosa! Siempre que Sus hijos están en el fuego, Él también está allí. Estuvo con Moisés, que lo vio en la zarza ardiente, con los discípulos en medio de la tormenta en el mar, y con Esteban mientras lo apedreaba una turba furiosa.

Esta historia es un maravilloso ejemplo del deseo de Dios de participar en los asuntos de Su pueblo. Me da la impresión de que Él está presente en nuestras pruebas y problemas más que en cualquier otra circunstancia de la vida. Está junto a las personas que han perdido a un ser querido, y si son cristianas dirán: «Nunca he sentido tanto la presencia del Señor como en estos últimos días».

Dios usa nuestros problemas para despertarnos y así poder entrar en nuestra vida. Parece que hay más problemas hoy que en la última década. Tal vez Dios ha calentado el horno de la vida lo suficiente para llamar nuestra atención. Él no promete salvarnos del fuego, sino estar con nosotros durante esa prueba.

Dios fue exaltado a través de todo lo acontecido. Primero, el gran rey bocazas dijo: «Miren, voy a arrojarlos a este horno ardiente y veré si su Dios puede liberarlos». Pero cuando miró al fuego y vio la presencia, la protección y el poder de Dios, entonces alabó al mismo Dios del que se había burlado antes.

La gente ve a Dios en nosotros cuando estamos en el fuego. Es fácil ser cristiano cuando todo va bien, pero cuando el fuego arde, las personas nos observan. Recuerdo que en una ocasión le pregunté a una pareja cómo habían conocido a Cristo, y expresaron:

> Vivíamos al lado de una pareja que asistía a nuestra iglesia, y era una época en la que todas las fábricas de nuestra zona estaban cerrando. Cada día nuevas personas perdían su trabajo y las cosas eran muy difíciles. Esta pareja cristiana había estado sin trabajo durante más de seis meses. Todos sus beneficios se habían agotado y a duras penas sobrevivían. Los observamos mientras Dios les quitaba prácticamente todo lo que tenían. Vimos cómo alababan al Señor, con sonrisas en sus rostros y sin quejarse nunca. Una noche después de la cena hablamos de ellos, y nos dijimos: «Lo que ellos tienen, es lo que necesitamos». Fuimos a su casa y nos llevaron a Cristo.

Vieron a Dios en el fuego.

Por último, la influencia de Sadrac, Mesac y Abednego creció. El rey los promovió. Cuando Dios nos pone a prueba y demostramos ser fieles, siempre es con el propósito de ampliar nuestra influencia para Él.

La Biblia dice: «… Sé fiel hasta la muerte, y yo te daré la corona de la vida» (Ap 2:10).

«Y, si somos hijos, somos herederos; herederos de Dios y coherederos con Cristo, pues si ahora sufrimos con él, también tendremos parte con él en su gloria» (Ro 8:17).

Juan Crisóstomo fue uno de los más importantes padres de la iglesia griega. Vivió entre los años 347-407 A. D. De muy joven fue llevado ante el emperador, quien le dijo que si no renunciaba a Cristo, sería desterrado.

Crisóstomo respondió:

—No puedes, porque el mundo entero es la tierra de mi Padre. No puedes desterrarme.

El emperador dijo:

—Entonces te quitaré todas tus propiedades.

—No puedes. Mis tesoros están en el cielo —fue la respuesta.

—Entonces te llevaré a un lugar donde no puedas hablar con ningún amigo.

Crisóstomo respondió:

—No puedes. Tengo un amigo que está más cerca que un hermano. Tendré a Jesucristo, para siempre.

El emperador finalmente lo amenazó:

—¡Entonces te quitaré la vida!

La respuesta fue:

—No puedes. Mi vida está escondida con Dios en Cristo.

Entonces el emperador expresó:

—¿Qué vas a hacer con un hombre así?

Como es lógico, no conozco el resto de esa conversación histórica, pero así debe ocurrir con todos los que somos cristianos. Cuando se nos pone a prueba en el horno ardiente, el mundo debería decir: «¿Qué vas a hacer con una persona así?».

7

EL EVANGELIO SEGÚN NABUCODONOSOR

Los artistas encargados de inmortalizarlo retrataban a Napoleón como un hombrecillo que se pavoneaba, de pie, desafiante, con la mano derecha entre los botones de su chaleco, o como un héroe que sobre su fogoso corcel señalaba el camino a sus tropas para cruzar los Alpes. Su sombrero de dos picos hizo que fuera inmediatamente reconocible, e imitado en las fiestas de disfraces a través de los años. Era un individuo orgulloso, impulsado por la ambición de conquistar Europa.

Se cuenta que la mañana de la batalla de Waterloo, Napoleón le explicaba a su oficial al mando la estrategia para el combate de ese día. Manifestó:

—Pondremos la infantería aquí, la caballería allá y la artillería en este lugar. Al final del día, Inglaterra estará a los pies de Francia, y Wellington será prisionero de Napoleón.

El oficial al mando respondió:

—Pero no debemos olvidar que el hombre propone y Dios dispone.

Con su típica arrogancia, el pequeño dictador estiró su cuerpo hasta sus 1,57 metros (5 pies y dos pulgadas) y respondió:

—Quiero que entienda, señor, que Napoleón propone y Napoleón dispone».

Según se dice, el novelista Víctor Hugo escribió: «Desde ese momento, la batalla de Waterloo estaba perdida, pues Dios envió lluvia y granizo para que las tropas de Napoleón no pudieran maniobrar como él había planeado, y ya en la noche Napoleón era prisionero de Wellington, y Francia estaba a los pies de Inglaterra».

Si me preguntaras cuál es el pecado más fundamental, respondería sin dudarlo: el pecado del orgullo o de la soberbia. El orgullo es la base para todos los demás pecados. Es simplemente una autoevaluación exagerada y deshonesta. Fue el pecado que dio inicio al pecado, cuando Satanás dijo: «Seré como el Dios Altísimo».

El orgullo es el número uno entre las cosas que aborrece Dios. «Hay seis cosas que el Señor aborrece, y siete que le son detestables: los ojos que se enaltecen» (Pr 6:16-17).

Proverbios ataca con fuerza el orgullo:

- «El Señor aborrece a los arrogantes...» (16:5).
- «... yo aborrezco el orgullo y la arrogancia, la mala conducta y el lenguaje perverso» (8:13).
- «Al orgullo le sigue la destrucción; a la altanería, el fracaso» (16:18).
- «Con el orgullo viene el oprobio...» (11:2).

Si quisiéramos resumir todos los proverbios del Antiguo Testamento, podríamos hacerlo fácilmente con un versículo clave del Nuevo Testamento: «Dios se opone a los orgullosos, pero muestra su favor a los humildes» (Stg 4:6, NTV).

LA CARTA DE UN REY

El capítulo 4 de Daniel contiene un documento único del Estado babilónico, escrito por el propio Nabucodonosor. Es su testimonio personal de cómo Dios lo llevó de donde estaba a donde Él quería que estuviera, y Nabucodonosor cuenta con sus propias palabras la forma en que Dios lo trató.

Nabucodonosor era un individuo interesante. De Daniel 2 y 3 podemos llevarnos la idea de que era tibio en asuntos espirituales. Sin embargo, recibió un par de advertencias de que un simple gesto con su cabeza a Dios no significaba que estuviera listo para inclinarse y adorar. Cuando Dios le mostró, a través de Daniel, que era la cabeza de oro de la estatua, se le advirtió que esa imagen descriptiva de los reinos de este mundo solo iba a existir por un breve tiempo. Pero esa señal de alerta no fue suficiente para detenerlo.

Cuando vio a Dios en el fuego, Nabucodonosor hizo un compromiso superficial, pero nunca se arrepintió realmente. En el capítulo 4 de Daniel, el orgulloso rey nos dice lo que le va a pasar. Se ha saltado todos los semáforos, y ahora lo han atrapado y arrestado.

> El rey Nabucodonosor, a todos los pueblos y naciones que habitan en este mundo, y a toda lengua:
>
> ¡Paz y prosperidad para todos!
>
> Me es grato darles a conocer las señales y maravillas que el Dios Altísimo ha realizado en mi favor. ¡Cuán grandes son sus señales! ¡Cuán portentosas son sus maravillas! ¡Su reino es un reino eterno! ¡Su soberanía permanece de generación en generación! (Dn 4:1-3)

La introducción la escribió nada menos que el mismo rey. Aquí vemos a un monarca, en la cima de su popularidad, que hace una declaración al mundo. Si hubiera vivido en nuestros días, su testimonio habría aparecido en los medios sociales y en los canales de noticias por cable que trasmiten las veinticuatro horas del día.

El testimonio fue muy personal. No hablaba de lo que Dios obró en la vida de otra persona, sino de lo que Dios había hecho con él. No se paró en un podio y murmuró, sino que compartió su testimonio con entusiasmo. Quería que el mundo entero supiera lo que Dios había hecho por él.

OTRA PESADILLA

Nabucodonosor cuenta otro sueño y dice que estaba en su palacio y se sentía satisfecho con la vida, tenía mucho dinero en el Fondo Babilónico de Ahorros y Fideicomisos, y no enfrentaba ninguna guerra que amenazara su estabilidad. Estaba orgulloso de sus logros, entre ellos los maravillosos Jardines Colgantes de Babilonia, construidos como regalo de amor para su bella esposa. ¿Qué más podría desear un hombre? Pero comenzó a soñar otra vez, y el antiguo miedo a las extrañas imágenes nocturnas lo acosó de nuevo como un fantasma en un castillo embrujado. ¿Qué hizo entonces? *Oh, Nabucodonosor, ¿nunca aprenderás?* Llamó a todos los magos, hechiceros, astrólogos y adivinos que antes no pudieron interpretar su sueño. Esta vez no les fue mejor. Era de esperar que el rey no perdiera su tiempo con estos charlatanes.

Se ha dicho que no importa cuán a menudo falle la sabiduría del mundo, recurrimos de nuevo a las mismas personas que nunca han tenido las respuestas. Acudimos a estos consejeros humanistas seculares, que no ayudan, y luego finalmente encontramos a un consejero cristiano que nos orienta correctamente. Después de haber agotado todas las posibilidades humanas, hacemos lo que debíamos haber hecho en primer lugar.

Entonces llegó Daniel. Había algo en él que hacía que el rey siempre lo buscara cuando estaba al límite. Le dijo: «Sé que en ti reposa el espíritu de los santos dioses, y que no hay para ti ningún misterio demasiado difícil de resolver» (Dn 4:9). En el sentido más auténtico del Antiguo Testamento, Daniel era un hombre lleno de espíritu. Era diferente. Nabucodonosor no sabía cómo describirlo de otra manera que no fuera según su propia terminología, veía que en el reposa el «espíritu de los santos dioses».

Aquellos cristianos que trabajan en el mundo profesional o de los negocios van a ser criticados y ridiculizados por su fe. Antes de convertirme en pastor, trabajé en una empresa de camiones. Los demás jóvenes me llamaban el Chico Predicador, y otros sobrenombres menos afectuosos. Pero tan pronto como alguno de ellos se metía en problemas, venía a mi camión para hablar conmigo. Sabían que los tipos con los que andaban de juerga, bebían e intercambiaban chistes vulgares no tenían las respuestas. Si dejamos que el espíritu de Dios habite en nosotros, no pasará mucho tiempo hasta que alguien llame a nuestra puerta. Verán la diferencia y querrán ayuda.

EN EL SUEÑO APARECE UN ÁRBOL ESPANTOSO

Si todo lo demás falla, entonces lee las instrucciones. Nabucodonosor finalmente llamó a Daniel y le pidió que interpretara su sueño. Este era más inusual que el de la estatua, y debe haberle causado al rey mucho nerviosismo; incluso reconoció que le dio miedo.

A pesar de haberle servido durante treinta años, Nabucodonosor llamó a Daniel por su nombre babilónico y no reconoció al Dios que una vez había identificado como «el Dios de dioses y el soberano de los reyes». El testimonio constante de Daniel era confiable. El rey dijo:

«… Te voy a contar mi sueño, y quiero que me digas lo que significa. Y esta es la tremenda visión que tuve mientras reposaba en mi lecho: Veía ante mí un árbol de altura impresionante, plantado en medio de la tierra. El árbol creció y se hizo fuerte, y su copa tocaba el cielo, ¡hasta podía verse desde cualquier punto de la tierra! Tenía un hermoso follaje y abundantes frutos; ¡todo el mundo hallaba en él su alimento! Hasta las bestias salvajes venían a refugiarse bajo su sombra, y en sus ramas anidaban las aves del cielo. ¡Ese árbol alimentaba a todos los animales!

»En la visión que tuve mientras reposaba en mi lecho, vi ante mí a un mensajero santo que descendía del cielo y que a voz en cuello me gritaba: "¡Derriba el árbol y córtale las ramas; arráncale las hojas y esparce los frutos! ¡Haz que las bestias huyan de su sombra, y que las aves abandonen sus nidos! Pero deja enterrados el tocón y las raíces; sujétalos con hierro y bronce entre la hierba del campo. Deja que se empape con el rocío del cielo, y que habite con los animales y entre las plantas de la tierra. Deja que su mente humana se trastorne y se vuelva como la de un animal, hasta que hayan transcurrido siete años. Los santos mensajeros han anunciado la decisión, es decir, el veredicto, para que todos los vivientes reconozcan que el Dios Altísimo es el soberano de todos los reinos humanos, y que se los entrega a quien él quiere, y hasta pone sobre ellos al más humilde de los hombres"». (Dn 4:9-17)

El rey debe haberse reclinado en su trono y haber mirado a Daniel con ojos suplicantes. Dos cosas lo asustaron de este árbol. Primero, era un árbol magnífico, que se veía desde cualquier punto de la tierra, abundante en frutos, pero un mensajero (un ángel, representante de Dios) bajó del cielo y anunció que sería cortado y todos los pájaros lo abandonarían, y las bestias ya no se refugiarían bajo él. Solo quedaría un pequeño tocón en el suelo. Lo extraño es que al principio del sueño el árbol era eso, un árbol, pero al final de la descripción se convierte en una persona.

La profecía descrita en el sueño iba a suceder por espacio de siete años, durante los cuales la mente de esa persona se convertiría en la de una bestia. Sin duda el viejo rey tenía sueños desagradables.

Es evidente que Daniel amaba a este malvado individuo. Dios le había revelado el futuro de su amigo, Nabucodonosor, a través de este trágico y terrible sueño. A medida que Daniel comprendía su significado, se mostraba reacio a compartirlo con el rey. Sin duda estaba muy preocupado cuando expresó: «... —¡Ojalá que el sueño y su significado tengan que ver con los acérrimos enemigos de Su Majestad!» (Dn 4:19).

Daniel nos da un magnífico ejemplo de cómo predicarles el juicio de Dios a las personas. Debe hacerse con dolor, con una verdadera preocupación, y señalar las consecuencias con misericordia. Tengo muchos amigos en el ministerio que se muestran deseosos de llegar a los pasajes sobre el juicio, porque en ellos se expresa una gran venganza. Pero al tratarlos les falta una cosa: las lágrimas.

Hace años hubo en Londres una gran reunión de personalidades para un concierto. Entre los invitados se encontraba el famoso predicador Caesar Milan. Una joven encantó al público esa noche con su canto. Después del concierto, Milan se acercó a ella y, gentilmente, pero con mucha audacia, le dijo: «Mientras la escuchaba esta noche pensé en lo mucho que se beneficiaría la causa de Cristo si sus talentos se dedicaran a ella. Sabe, jovencita, usted es tan pecadora como un borracho en una cuneta [...] ante los ojos de Dios, pero me alegra decirle que la sangre de Jesucristo puede limpiarla de todo pecado».

La joven se enfadó tanto con el predicador que se marchó inmediatamente. Mientras se iba, él le dijo: «Lo digo sin ánimo de ofender. Oro para que el Espíritu de Dios la convenza de sus pecados».

Ese no es exactamente mi estilo de dar testimonio, pero he aquí el resto de la historia. La joven se fue a casa, pero no podía dormir. El rostro del predicador apareció ante ella, y sus palabras resonaron en su mente. A eso de las dos de la mañana se levantó de la cama, tomó un lápiz y un papel, y con las lágrimas rodando por su cara, Charlotte Elliott escribió:

> *Tal como soy de pecador,*
> *sin más confianza que Tu amor,*
> *ya que me llamas, acudí:*
> *Cordero de Dios, heme aquí.*[1]

Coros de todo el mundo han cantado este himno como una invitación a aceptar a Jesucristo. La mayoría de las campañas de Billy Graham concluían con él. Unas pocas palabras de un hombre que predicó el juicio de Dios con dolor dieron como resultado que decenas de miles de nuevos cristianos declaran su fe. Me pregunto qué pasaría si esa fuera nuestra manera de actuar en el ministerio hoy.

OJALÁ NO TUVIERA QUE DECÍRTELO

La verdad a veces duele. Cuando se trata de las personas que amamos, evitamos decirles el pecado que hay en su vida, y sabemos que nosotros mismos vivimos en casas de cristal. No debió haber sido fácil para Daniel decirle al rey la interpretación de su sueño.

> La interpretación del sueño, y el decreto que el Altísimo ha emitido contra Su Majestad, es como sigue: Usted será apartado de la gente y habitará con los animales salvajes; comerá pasto como el ganado, y se empapará con el rocío del cielo. Siete años pasarán hasta que Su Majestad reconozca que el Altísimo es el soberano de todos los reinos del mundo, y que se los entrega a quien él quiere. La orden de dejar el tocón y las raíces del árbol quiere decir que Su Majestad recibirá nuevamente el reino, cuando haya reconocido que el verdadero reino es el del cielo. (Dn 4:24-26)

No sabemos si Nabucodonosor respondió a Daniel o no; sin embargo, podemos imaginar que se inclinó, miró a Daniel directamente a los ojos y pensó: *¡Qué idea tan descabellada! Nunca me arrastraría por el suelo como un animal salvaje.*

Como hombre de Dios, Daniel no dejó al rey sin ofrecerle una solución. Su consejo fue cortés y sin rodeos: «Renuncie usted a sus pecados y actúe con justicia; renuncie a su maldad y sea bondadoso con los oprimidos. Tal vez entonces su prosperidad vuelva a ser la de antes» (Dn 4:27).

Dios siempre nos advierte antes de enviar un juicio. Nos dice: «Escuchen y obedezcan o sufran las consecuencias». Envió una voz desde el cielo como advertencia, pero le ofreció al rey la oportunidad de dar un giro a su vida. Creo que Dios hace eso con nosotros hoy. Nos advierte: «Mira, vas camino a un desastre. Date la vuelta o caerás en una zanja tan profunda que no podrás salir».

A Nabucodonosor se le concedió un año de gracia, pero se negó a arrepentirse. Durante doce meses, mientras Daniel probablemente esperaba y oraba por él, el rey ignoró las advertencias. Entonces llegó el día. Caminaba por la terraza del palacio real y observaba el magnífico panorama de la ciudad. No era una terraza ordinaria; era algo de tales proporciones que nuestros muros parecerían liliputienses a su lado. Según el historiador Heródoto, los muros de Babilonia tenían 97,5 metros (320 pies) de altura, que es casi un tercio de la altura del Empire State Building, 24,3 metros (80 pies) de espesor y 90 km (56 millas) de largo. (Y creemos que nuestras hazañas de ingeniería hoy son avanzadas). Sobre la parte superior del muro era posible conducir varios carros; hacer carreras en ellos era uno de los grandes deportes de entonces. ¿Recuerdas las carreras de carros en *Ben-Hur*? Imagínalos dando vueltas y vueltas por la ciudad, como un tren alrededor de un árbol de Navidad.

El poderoso río Éufrates fluía a través de la ciudad. En una orilla del río había varias terrazas que conducían a un altar central, y en medio de la ciudad estaba el enorme templo de Bel, con sus templos y palacios. Si hubiéramos caminado por Babilonia en aquel momento, nos hubiéramos asombrado de los grandes jardines y huertos que producían lo suficiente para alimentar a toda la población.

Así que Nabucodonosor se paseaba por la terraza, probablemente acompañado por un séquito de sus consejeros y su gabinete, y miraba la ciudad con un orgullo exagerado. Entonces exclamó: «… ¡Miren la gran Babilonia que he construido como capital del reino! ¡La he construido con mi gran poder, para mi propia honra!» (Dn 4:30).

Hasta ese momento era un brillante, apuesto y próspero rey; su mente era clara y aguda. Pero inmediatamente que esas palabras arrogantes salieron de su boca, su mente colapsó. Quedó reducido a un animal, con la inteligencia de una bestia y una forma de locura llamada monomanía, que implica que un área del funcionamiento humano normal queda anulada mientras que el resto sigue funcionando. Específicamente, esto se llama licantropía, un término que proviene de la unión de dos palabras: *lycos*, cuyo significado es «lobo», y *anthropos*, que significa «hombre». No era un caso como el del doctor Jekyll y el señor Hyde, sino un hombre lobo.

El otrora poderoso rey tomó una apariencia tan desagradable que la gente debió sentir aversión. Comía hierba como un animal, andaba cubierto de lodo y se rascaba su sucio y enredado cabello con uñas en forma de garras.

Cuando Nabucodonosor exclamó: «¡Mira, mundo; mira lo que he hecho!», Dios cumplió Su promesa, lo juzgó y lo hizo caer al lugar más bajo posible en el que conservara la vida. Probablemente estuvo confinado por una valla de hierro, que sería la banda de metal que en su sueño sujetaba el tocón.

Imagina a este animal enjaulado, gruñendo amenazadoramente cuando los niños y los adultos se burlaban de él, o cuando pasaban apartando la vista. ¿Quién querría mirar a una criatura tan horrible?

En los últimos tiempos han habido hombres que han alcanzado importantes posiciones en el sector público y el financiero y han terminado en la cárcel o sumidos en la desgracia por hacer alarde de las leyes de Dios y la sociedad. No está más allá del poder de Dios ofrecer la restauración.

Después de siete años de tortura física y mental, Nabucodonosor expresó: «... Elevé los ojos al cielo, y recobré el juicio. Entonces alabé al Altísimo; honré y glorifiqué al que vive para siempre» (Dn 4:34). Qué gran testimonio de alabanza este:

> ... Su dominio es eterno;
> su reino permanece para siempre.
> Ninguno de los pueblos de la tierra
> merece ser tomado en cuenta.
> Dios hace lo que quiere
> con los poderes celestiales
> y con los pueblos de la tierra.
> No hay quien se oponga a su poder
> ni quien le pida cuentas de sus actos. (Dn 4:34-35)

Con la misma rapidez que perdió la cordura, así mismo la recuperó. Además, sus consejeros y nobles lo buscaron, y su trono le fue devuelto con un poder aún mayor que el que tenía antes. Pero esta vez reconoció de dónde venía ese poder.

Es casi increíble que después de siete años, su reino aún estuviera a salvo. Ninguna potencia extranjera había tratado de ocuparlo; no había habido ningún levantamiento nacional ni ningún golpe de Estado para deponerlo. Tal vez fue Daniel quien mantuvo el orden.

Nabucodonosor aprendió una lección duradera. «Por eso yo, Nabucodonosor, alabo, exalto y glorifico al Rey del cielo, porque siempre procede con rectitud y justicia, y es capaz de humillar a los soberbios» (Dn 4:37).

Esto es lo último que oímos sobre Nabucodonosor en la Biblia, pero creo que nos encontraremos con él algún día en el cielo. El Señor lo llevó de la maldad a la justicia mediante una dura lección sobre la cría de animales.

ORGULLO Y PREJUICIO

El orgullo no solo está en los poderosos, los ricos y los famosos. Afecta a todo el mundo si no tenemos cuidado. La mayoría de los problemas personales y de la iglesia que he visto en mis años en el ministerio es resultado del orgullo. Si pensamos que Dios no ha tomado medidas contra nosotros ni contra otras personas respecto a este problema, y que no lo va a hacer, estamos muy equivocados. En Eclesiastés 8:11 encontramos una fuerte declaración: «Cuando no se ejecuta rápidamente la sentencia de un delito, el corazón del pueblo se llena de razones para hacer lo malo». Solo porque pensemos que estamos a salvo cuando Dios no nos castiga por nuestras malas acciones no significa que Él no vaya a hacer nada. Dios ve nuestros corazones y nos hace advertencias, pero si nos negamos a escucharlas, castigará nuestro orgullo.

A veces nos vemos como peones en una perversa lucha mundial. Nos sentimos impotentes cuando líderes orgullosos y crueles llevan a las naciones a un frenesí de animosidad. Pero no tenemos que preocuparnos por lo que Dios está haciendo en nuestra generación; «... Su dominio es eterno; su reino permanece para siempre» (Dn 4:34).

El testimonio de Nabucodonosor es un mensaje político para todos nuestros líderes hasta que Cristo regrese. El mensaje es simple: Dios gobierna.

8

TE HA LLEGADO
LA HORA

Setenta años después de que los jóvenes judíos fueran llevados cautivos a Babilonia, tuvo lugar una de las fiestas de borrachos más conocidas de la historia. Babilonia la Grande tuvo su Waterloo y sufrió una derrota ignominiosa. El relato tiene la intriga de un moderno *thriller* de aventuras, pero si fueras un gran detective, descubrirías que esta trama había sido anunciada muchos años antes por el viejo profeta Jeremías.

Jeremías tenía una habilidad especial para dar a conocer noticias tristes, pero la predicción que hacía de los acontecimientos era acertada. Expresó: «Pero en presencia de ustedes les daré su merecido a Babilonia y a todos sus habitantes por todo el mal que han hecho en Sión —afirma el Señor—» (Jer 51:24). Y esa es la historia que estás a punto de escuchar.

Hubo varios reyes en Babilonia después de la muerte de Nabucodonosor. Casi todos tuvieron muertes prematuras. Uno fue asesinado por su hermano, otro murió en batalla, y otro fue capturado por los medos y los persas y vivió como prisionero de guerra.

Aquí aparece Belsasar, un individuo adicto al vino, las mujeres y las canciones, cuya infame fiesta dio lugar a una frase que ha llegado hasta nosotros veinticinco siglos después: la escritura en la pared.

LA FIESTA DE BELSASAR

Volvamos al Libro de Daniel:

> El rey Belsasar ofreció un gran banquete a mil miembros de la nobleza, y bebió vino con ellos hasta emborracharse. Mientras brindaban, Belsasar mandó que le trajeran las copas de oro y de plata que Nabucodonosor, su padre, había tomado del templo de Jerusalén. Y así se hizo. Le llevaron las copas, y en ellas bebieron el rey y sus nobles, junto con sus esposas y concubinas.
> (Dn 5:1-3)

Belsasar no era en realidad hijo de Nabucodonosor, sino su nieto. En el idioma en que se escribió el texto, no existía ningún término para referirse a los abuelos ni a los nietos, por lo que cualquier antepasado era llamado padre.

¿Dónde estaba nuestro héroe en ese momento? Los historiadores nos dicen que después de la muerte de Nabucodonosor, todos los ministros de la corte fueron expulsados y alejados del trono. Daniel, al ser uno de esos ministros, prácticamente desapareció durante una década y vivió en la oscuridad. Cuando Belsasar envió las invitaciones para su desenfrenada fiesta, Daniel no estaba en la lista de invitados.

La fiesta organizada por el rey fue en honor del dios babilónico Bel. Después de todo, el nombre de Belsasar era un homenaje a ese dios, y habría sido algo muy adecuado honrarlo con una festividad. Cuando los arqueólogos excavaron el sitio en tiempos modernos, descubrieron que el enorme salón donde se celebraban las fiestas tenía unos 18 metros (60 pies) de ancho y 52 metros (172 pies) de largo. Toda la sección principal de la Casa Blanca en Washington D. C. es aproximadamente de ese tamaño.

Belsasar presidía el salón desde su trono, y brindó por sus dioses paganos junto a los mil nobles invitados, sus esposas y sus concubinas. Este acto en sí mismo era totalmente impropio para los reyes de la época. Si bebían, era en privado, no en espectáculos públicos. Belsasar desechó el protocolo y también invitó a mujeres a su fiesta de borrachos. Esto era un verdadero tabú, pero ignoró todas las restricciones e hizo exactamente lo que quiso.

Proverbios 31:4-5 expresa: «No conviene que los reyes, oh Lemuel, no conviene que los reyes se den al vino, ni que los gobernantes se entreguen al licor, no sea que al beber se olviden de lo que la ley ordena…».

Otro profeta advirtió: «¡Ay de los valientes para beber vino, de los valentones que mezclan bebidas embriagantes […] así como las lenguas de fuego devoran la paja y el pasto seco se consume en las llamas, su raíz se pudrirá…» (Is 5:22-24).

Esta orgía de borrachos tenía un matiz sexual por la presencia de mujeres. La escena no era muy diferente a muchas de las grandes fiestas que se celebran en nuestros días.

Debo admitir que he vivido una vida protegida. Nunca he estado en una fiesta como esa, ni tengo intención de estar. Sin embargo, recuerdo un suceso cuando era estudiante en Texas. Como vendía programas para partidos de fútbol americano en el Cotton Bowl, tenía una entrada para cada partido, y hubo un fin de semana que me lleve una idea de las cosas que pueden ocurrir en una multitud embriagada. El partido era entre dos rivales acérrimos. Yo trabajaba como jefe de un equipo de limpieza en el centro de Dallas, y cuando salí a la calle la noche antes del partido, no podía creer lo que veía. Hombres y mujeres, jóvenes y ancianos por igual, se tambaleaban por la calle. Caminaban literalmente de un lado a otro completamente borrachos. Había desnudez, inmoralidad y pecado, todo en nombre de un buen momento. Fue una visión repulsiva que nunca olvidaré.

Belsasar también se permitió el peor de los sacrilegios. Mandó a buscar las copas de oro y plata que Nabucodonosor había tomado del templo de Jerusalén y ordenó que se llenaran de vino para que todos lo bebieran. Con este acto de profanación a esos utensilios sagrados, se burló del Dios hebreo.

Podemos imaginarnos que Belsasar ordenó a sus esclavos traer esos utensilios sagrados, que habían permanecido escondidos en lo profundo de una bóveda y nunca habían sido tocados por ninguno de los reyes anteriores. Les quitó el polvo acumulado durante años y los levantó para mostrarlos a la multitud. Cuando llegó el momento de que esta escoria comenzara sus brindis, la orquesta dejó de tocar, los bailes eróticos cesaron, y Belsasar, sonriendo con insolencia, bebió el vino que le rodó por la barbilla y le manchó la barba con su color carmesí. «Miren lo que he hecho. ¡Soy el rey, no tengo miedo de un dios extranjero!». La multitud aplaudió este acto audaz y continuó su juerga.

Joseph A. Seiss, en su libro *Voices from Babylon* [Voces de Babilonia], escribió:

> No solo fue su inoportuno regocijo, su transgresión de las normas y su embriaguez, sino que incluso su insensato y blasfemo insulto al Dios Altísimo está envuelto en un manto de devoción fingida. Pero esto era lo más lejos que podía llegar la audacia y el encaprichamiento humano. Era más de lo que los poderes del cielo podían soportar tranquilamente. Este fue el final.[1]

SACRILEGIO Y ESTUPIDEZ

Imagínate que estás en la iglesia cuando se está sirviendo la comunión. Sobre la mesa están los vasitos en los que se vierte el jugo, para honrar la muerte de nuestro Señor. De repente un hombre ebrio se acerca bruscamente por el pasillo central, toma un vaso de la bandeja, tira el jugo al suelo y lo llena con un poco de wisky. Luego se da la vuelta y grita a la congregación: «¡Un brindis por el diablo!».

Eso es lo que sucedió aquella fatídica noche en Babilonia. ¿Es de extrañar que Dios dijera: «Basta ya, ¡te ha llegado la hora!»?

Belsasar no solo era un gran sacrílego, también era extremadamente necio. Celebraba su propio funeral, pero no lo sabía. Casi cien años antes Jeremías había profetizado detalladamente todo lo que iba a suceder esa noche.

Primero Jeremías nos dice que Babilonia sería conquistada por una nación del norte. Sus palabras fueron tan exactas que cualquier escéptico de la profecía bíblica debería quedar convencido:

La palabra del Señor acerca de los babilonios y de su país vino al profeta Jeremías:

«¡Anuncien y proclamen entre las naciones!
¡Proclámenlo, levanten un estandarte!
No oculten nada, sino digan:
"¡Babilonia será conquistada!
¡Bel quedará en vergüenza!
¡Marduc quedará aterrado!
¡Sus imágenes quedan humilladas,
y aterrados sus ídolos!"
Porque la ataca una nación del norte,
que dejará desolada a su tierra.
Hombres y animales saldrán huyendo,
y no habrá nadie que la habite». (Jer 50:1-3)

¿Recuerdas la estatua? Después de la cabeza de oro, que era Babilonia, el siguiente imperio que tomaría el control sería el medo-persa. Esto es lo que Jeremías expresa al respecto:

> ¡Afilen las flechas!
> ¡Ármense con escudos!
> El Señor ha despertado el espíritu
> de los reyes de Media
> para destruir a Babilonia.
> Esta es la venganza del Señor,
> la venganza por su templo. (Jer 51:11)

> ¡Convoquen contra ella a las naciones,
> a los reyes de Media,
> y a sus gobernadores y oficiales!
> ¡Convoquen a todo su imperio!
> La tierra tiembla y se sacude;
> se cumplen los planes de Dios contra Babilonia,
> al convertirla en un desierto desolado
> donde nadie ha de habitar. (Jer 51:28-29)

En otro pasaje, Jeremías cuenta cómo iba a ser tomada Babilonia e incluso da pistas sobre el subterfugio que haría que la ciudad se rindiera sin combatir.

> «Voy a embriagar a sus jefes y a sus sabios;
> a sus gobernadores, oficiales y guerreros;
> y dormirán un sueño eterno,
> del que no despertarán»,
> afirma el Rey,
> cuyo nombre es el Señor Todopoderoso. (Jer 51:57)

Como si estas profecías no fueran lo suficientemente exactas, Jeremías incluso nos da algunas pistas sobre cómo se obtendría esta victoria militar.

> Voy a defender tu causa,
> y llevaré a cabo tu venganza;
> voy a secar el agua de su mar,
> y dejaré secos sus manantiales.
> Babilonia se convertirá en un montón de ruinas,
> en guarida de chacales,
> en objeto de horror y de burla,
> en un lugar sin habitantes. (Jer 51:36-37)

RECUERDA MIS PALABRAS

Anota las palabras de Jeremías en tu cuaderno mental, como un participante del juego «Resuelve el misterio», y luego volveremos a la fiesta de Belsasar.

De todas las fiestas estúpidas de la historia, esta se lleva el premio. En el mismo momento en que Belsasar y sus invitados se embriagaban cada vez más y bebían de las copas sagradas del Dios de Jerusalén, sus enemigos mortales pasaban por debajo de los muros de la ciudad.

LA MANIOBRA DE LA ARDILLA TERRESTRE

Ciro era el líder de los medos y los persas que intentaban conquistar Babilonia. Los babilonios habían decidido retirarse del campo de batalla y fortificarse dentro de los poderosos muros de su ciudad. Un historiador dijo que los babilonios tenían comida, agua y provisiones para satisfacer las necesidades de la ciudad durante más de veinte años.

Cuando Ciro sitió la ciudad, se dio cuenta de que no podía mantener el asedio indefinidamente, así que ideó otro plan. El gran río Éufrates corría bajo la muralla y a través de la ciudad. Entonces Ciro formó dos grupos de ataque con los mejores hombres de su ejército. Ubicó uno en la entrada del río a la ciudad y el otro en la salida. Luego tomó al resto de su ejército y se fue a un lugar donde el Éufrates cruzaba junto a un enorme pantano. Allí construyó una gran compuerta o un canal por el que desvió el río fuera de la ciudad.

Ciro les ordenó a los soldados ubicados en ambas posiciones que vigilaran el río, y una vez que el agua retrocediera, que se introdujeran en la ciudad sin ser observados. ¡Qué plan tan ingenioso!

Cuando el nivel del agua comenzó a bajar, los soldados fueron comprobando la profundidad del río hasta que fue posible caminar por su cauce. Entonces, uno tras otro, sin ser vistos, desde ambos extremos, comenzaron a penetrar en la inexpugnable ciudad. Sus defensores pensaban que Babilonia nunca podría ser tomada, pero estaban equivocados.

EL DEDO FANTASMAGÓRICO

De vuelta a la fiesta:

> En ese momento, en la sala del palacio apareció una mano que, a la luz de las lámparas, escribía con el dedo sobre la parte blanca de la pared. Mientras el rey observaba la mano que escribía, el rostro le palideció del susto, las rodillas comenzaron a temblarle, y apenas podía sostenerse. (Dn 5:5-6)

Belsasar debe haber recobrado la sobriedad en un tiempo récord. Su sonrisa burlona y el desafío a Dios desaparecieron; su mirada se llenó de terror. Se sentía tan débil que no podía permanecer de pie ni sentado. En un instante, el rey blasfemo se convirtió en un mortal tembloroso e indefenso. ¿Y qué hizo? Pidió que vinieran las mismas personas de siempre: los hechiceros, los astrólogos y los adivinos. Si estaban en la fiesta, se les debe haber pasado la borrachera muy rápido también. Fueron fieles a su reputación; no pudieron leer la escritura en la pared, ni interpretar lo que significaba.

Mientras el rey y sus nobles se quejaban, atemorizados ante la misteriosa escritura, la reina madre, que sin duda vivía en un apartamento del palacio, oyó el alboroto y entró en el salón para averiguar lo que había sucedido. Esta mujer era probablemente la esposa de Nabucodonosor, que había visto a su famoso marido arrastrarse como un animal durante siete años y luego ser restaurado en su trono cuando creyó en el único Dios verdadero. No había asistido a la fiesta, pero cuando llegó dio un excelente consejo. Se acordó de Daniel y comenzó a contarle a Belsasar el ministerio de este hombre que, según ella, tenía «… una mente aguda, amplios conocimientos, e inteligencia y capacidad para interpretar sueños, explicar misterios y resolver problemas difíciles» (Dn 5:12).

Por sus palabras, parece evidente que Daniel no pertenecía a la elite del gobierno babilónico. Ciertamente no ocupaba durante el reinado de Belsasar una posición como la que había tenido bajo Nabucodonosor. Debió asignársele algún puesto en un escalón inferior. Cuando Belsasar llegó al poder, siendo simplemente un mocoso malcriado adicto a la bebida, posiblemente pensó que tener a Daniel cerca no sería muy ventajoso para su reino. Sin embargo, la reina madre conocía la influencia que Daniel tuvo sobre su marido y sabía que todavía estaba vivo y bien en algún lugar. Aunque Daniel tenía ochenta años, era la única persona en el reino que podía interpretar lo que había aparecido escrito en la pared aquella noche.

Belsasar mandó a buscar a Daniel. La espera debió ser agonizante; ya no se oía la música, la juerga había terminado, y todos los nobles y sus muchas mujeres caminaban de un lugar a otro para tratar de despejar sus mentes confusas. Cuando llegó Daniel, el rey se calmó y dijo: «… —¿Así que tú eres Daniel, uno de los exiliados que mi padre trajo de Judá? Me han contado que en ti reposa el espíritu de los dioses, y que posees gran agudeza e inteligencia, y una sabiduría sorprendente» (Dn 5:13-14).

Entonces Belsasar le ofreció a Daniel un soborno: «… Si logras descifrar e interpretar lo que allí está escrito, te vestiré de púrpura, te pondré una cadena de oro en el cuello, y te nombraré tercer gobernante del reino» (Dn 5:16).

¿No es interesante que Daniel siempre estuviera ausente cuando se le necesitaba? Recuerda que no estaba presente cuando Nabucodonosor tuvo su primer sueño, ni tampoco cuando tuvo el segundo sueño. Esta vez no estaba presente cuando Dios escribió en la pared. No estaba allí cuando llamaron a los consejeros paganos humanistas para que dieran su interpretación. Siempre estaba solo, lejos de las borracheras, las fiestas y los humanistas. Como último recurso se llamó a Daniel.

Un predicador inglés llamado Joseph Parker vio en este pasaje una enseñanza positiva para todos los predicadores. Expresó:

> Predicadores de la Palabra, algún día Belsasar los buscará. No estuvieron en el comienzo de la fiesta, pero estarán allí antes de que acabe el banquete. El rey no les pedirá que beban vino, les pedirá que le cuenten el secreto de su dolor y que curen la enfermedad de su corazón. Esperen su momento, predicadores. Ahora no son nadie. ¿Quién presta atención a los predicadores, los maestros y los profetas, hombres de conocimiento profundo, mientras corre el vino y el festín despliega sus lujos tentadores? Pero el predicador tendrá su oportunidad. Lo llamarán cuando todos los demás amigos hayan fracasado. Que venga entonces sin miedo, independiente, y solo pida ser un canal a través del cual pueda llegar la comunicación divina. Entonces podrá hablarles a los problemas del mundo.[2]

Eso es alentador para los predicadores. No tenemos muy buena publicidad. En realidad, estamos notoriamente ausentes de la lista de las profesiones más importantes. La televisión nos agrupa con los charlatanes, y las películas rara vez se molestan en reconocer que existimos. Algún día, durante el preludio de la tribulación, cuando las cosas empiecen a calentarse más de lo que están, veremos pastores que predicarán la Palabra de Dios en iglesias atestadas de personas que vendrá a escuchar lo que Dios tiene que decir.

POSICIÓN, POSESIONES Y PODER

Daniel era el último recurso del rey. Le dijo: «Mira, traje a mis expertos y les hice esta pregunta, pero no pudieron responder». Hoy en día los sabios seculares no pueden conocer las cosas del Espíritu de Dios, pero cuando hace falta un consejo, el mundo acude a ellos.

Belsasar utilizó la única motivación que conocía, trató de seducirlo con la posición, las posesiones y el poder. «Mira, Daniel, aquí tienes todo lo que un hombre podría desear, solo dime qué hacer con estas palabras».

«—Su Majestad puede quedarse con sus regalos, o dárselos a otro —le respondió Daniel—. Yo voy a leerle a Su Majestad lo que dice en la pared, y le explicaré lo que significa» (Dn 5:17).

Daniel no expresa ninguna simpatía por el rey. No tiene nada bueno que decir sobre este malvado individuo. Cuando conoció a Nabucodonosor, llegó a sentir afecto por él, pero no simpatizaba con Belsasar. ¿Por qué la diferencia? Porque Belsasar profanó la santidad del Dios de Daniel al beber por sus dioses paganos en las copas que pertenecían al Dios santo.

La voz de Daniel, sus palabras y su serenidad estaban en concordancia con el Espíritu que escribió esas horribles palabras en la pared. El profeta sabía que estaba a punto de pronunciar algunas de las últimas palabras que este pecador escucharía en su vida.

Daniel era un hombre que no aceptaría un soborno ni se dejaría tentar por una recompensa. Le dijo al rey que se quedara con sus cosas. Aunque respetaba a Nabucodonosor, rechazó a Belsasar. Era como Abraham cuando le manifestó al rey de Sodoma que no tomaría de él ni siquiera un hilo ni la correa de una sandalia (Gn 14:22-23). El apóstol Pablo expresó: «No he codiciado ni la plata ni el oro ni la ropa de nadie» (Hch 20:33).

Después de rechazar los regalos, Daniel repasó la herencia y la historia del rey. Le recordó que Nabucodonosor había sido rebajado a tener la mente de un animal hasta que finalmente reconoció al Dios Altísimo. El objetivo de recordar estos sucesos en la introducción a su sermón era hacer que Belsasar se viera en el mismo lugar que Nabucodonosor en relación con Dios. Podemos imaginarnos que el tembloroso rey pensaba: *Vamos ancino, no necesito un sermón, necesito la interpretación.*

PECADO PREMEDITADO

La mayoría de los sermones que hoy se dan desde nuestros púlpitos son tímidos en comparación con los que daban los hombres santos de la Biblia. Daniel habló claro.

> Sin embargo, y a pesar de saber todo esto, usted, hijo de Nabucodonosor, no se ha humillado. Por el contrario, se ha opuesto al Dios del cielo mandando traer de su templo las copas, para que beban en ellas usted y sus nobles, y sus esposas y concubinas. Usted se ha deshecho en alabanzas a los dioses de oro, plata, hierro, madera y piedra, dioses que no pueden ver ni oír ni entender; en cambio, no ha honrado al Dios en cuyas manos se hallan la vida y las acciones de Su Majestad. Por eso Dios ha enviado esa mano a escribir. (Dn 5:22-24)

Daniel no solo acusó al rey de pecado premeditado y sacrilegio, sino también de sacrificio pagano. Le dijo, delante de todo el abigarrado grupo de seguidores de la corte: «¡Belsasar, eres un iluso! Has tomado las copas sagradas de Dios y las has levantado para alabar a falsos dioses».

En manos de Dios «se hallan la vida y las acciones» de toda persona. Job afirmó: «En sus manos está la vida de todo ser vivo, y el hálito que anima a todo ser humano» (Job 12:10). Respirar es algo tan natural que nunca pensamos en ello, pero el día que Dios decida que no respiremos más, todo habrá terminado. Nuestro aliento está en Sus manos. Muchas personas usan el aliento que Él les dio para maldecir Su nombre. ¡Qué ilusa es aquella criatura de Dios que se burle del Creador que lo controla todo!

EL EXPERTO EN ESCRITURA

Sobre la parte blanca de la pared aparecieron estas palabras en arameo: «Mene, Mene, Téquel, Parsin». El significado de esa frase selló el destino de Babilonia.

Mene: Dios ha contado los días del reino de Su Majestad, y les ha puesto un límite.

Todo ha terminado, Belsasar; Dios lo ha decidido, llegó tu hora. Protegido por los magníficos muros de Babilonia, el rey se rió del avance de Ciro, pero esa noche el ejército medo-persa cruzó bajo los muros de la ciudad, listo para la matanza.

Téquel: Su Majestad ha sido puesto en la balanza, y no pesa lo que debería pesar.

Eso significaba que el reino había sido pesado y hallado falto de peso, no tenía suficiente valor. Babilonia no alcanzó el nivel que Dios exigía. Los antiguos egipcios tenían una idea correcta de este juicio divino, aunque lo atribuían incorrectamente a su dios pagano, Osiris. Decían que después de la muerte, la persona era llevada a la sala del juicio donde se le quitaba el corazón y se pesaba en la balanza contra una pluma. Si el corazón era ligero, era puro. Si no, estaba cargado con el pecado y sufría el castigo. Esa teología pagana se acercaba a la verdad.

La Biblia afirma que Dios nos pesa en Su balanza. «¡Que Dios me pese en una balanza justa, y así sabrá que soy inocente!» (Job 31:6). «No multipliquéis palabras de grandeza y altanería; cesen las palabras arrogantes de vuestra boca; porque el Dios de todo saber es Jehová, y a él toca el pesar las acciones» (1 S 2:3, RVR1960). Cuando hablamos de que el juicio es un «asunto de peso», es verdaderamente Dios quien sostiene la balanza.

Parsin: El reino de Su Majestad se ha dividido, y ha sido entregado a medos y persas.

Esa noche, cuando Dios miró hacia abajo y vio la orgía de borrachos, extendió Su mano y escribió en la pared: «Mene, Mene [te ha llegado la hora], Téquel [has sido pesado y hallado falto de peso], Parsin [tu reino se ha dividido, y ha sido entregado a medos y persas]». Todo había acabado.

BABILONIA, OH BABILONIA

Belsasar no pareció captar el mensaje inmediatamente, porque ordenó que se vistiera a Daniel con ropas reales, que se le pusiera una cadena de oro en su cuello y que fuera proclamado el tercer gobernante más importante del reino. Daniel había expresado que no le interesaban esas cosas; sabía que esos honores serían efímeros e inútiles.

«Esa misma noche fue asesinado Belsasar, rey de los babilonios, y Darío el Persa se apoderó del reino. Para entonces, Darío tenía sesenta y dos años» (Dn 5:30-31).

Esa noche, según los historiadores, fue el decimosexto día de Tishrei, 539 A. C., alrededor del día 11 o 12 de octubre en nuestro calendario. Babilonia se derrumbó, y se unió a la multitud de naciones que han olvidado a Dios y han caído, entre ellas los hititas, los egipcios y los asirios. El profeta Isaías expresó: «A los ojos de Dios, las naciones son como una gota de agua en un balde, como una brizna de polvo en una balanza...» (Is 40:15).

¿SOMOS COMO EL POLVO?

Aunque parezca que cada semana nos enteramos de más y más escándalos del gobierno, no creo que conozcamos la mitad de la verdad de los Belsasares que hacen fiestas en las capitales de los estados y la nación. Vemos los maravillosos logros de Estados Unidos y decimos: «Miren la gran Babilonia en la que vivimos».

Esa escritura profética se aplica a nuestra época. La Biblia afirma:

> Ahora bien, ten en cuenta que en los últimos días vendrán tiempos difíciles. La gente estará llena de egoísmo y avaricia; serán jactanciosos, arrogantes, blasfemos, desobedientes a los padres, ingratos, impíos, insensibles, implacables, calumniadores, libertinos, despiadados, enemigos de todo lo bueno, traicioneros, impetuosos, vanidosos y más amigos del placer que de Dios. Aparentarán ser piadosos, pero su conducta desmentirá el poder de la piedad...
> (2 Ti 3:1-5)

Cuando Belsasar tomó los utensilios sagrados de Dios y los profanó, ese fue su final. ¿Y nosotros? No tenemos acceso a las antiguas copas de oro. Pero la Biblia dice que nuestros cuerpos son templos del Señor, los utensilios de Dios. Cuando tomamos algo sagrado que pertenece a Dios y lo corrompemos con drogas, alcohol y cosas degradantes del mundo, el juicio de Dios es inminente. Esto es algo que debe tomarse en serio.

Así como la caída de Babilonia significó el fin de una gran civilización, de igual modo el fin de la era se caracterizará por la desaparición de las potencias mundiales gentiles. La caída de Babilonia presagia la caída de la Gran Babilonia, madre de las prostitutas (Ap 17:5). Hoy las personas se ríen cuando les decimos que nuestra civilización moderna está condenada, pero estoy seguro de que Belsasar nunca imaginó que su poderoso imperio colapsaría.

Veamos la letra que Knowles Shaw escribió en 1877 para su himno «La escritura en la pared»:

> En la fiesta de Belsasar
> y mil de sus nobles,
> mientras bebían en copas de oro,
> como afirma el Libro de la verdad,
> cuando se deleitaban esa noche
> en el salón del palacio real,
> quedaron consternados
> al ver la mano en la pared.
> También hay constancia de nuestras acciones,
> y una mano que escribe ahora.
> Pecador, dale tu corazón a Jesús,
> inclínate ante Su mandato real.
> Porque se acerca el día,
> y le llegará a todos,
> cuando la condena del pecador
> aparezca escrita en la pared.[3]

Esto no es ficción. La Biblia lo ha explicado durante muchos siglos, pero solo con las crecientes señales del fin de los tiempos es que la verdad profética ha despertado los corazones de los creyentes, como lo ha hecho con el mío.

LA INTRIGA
POLÍTICA

Era un año de elecciones. Los expertos y los comentaristas tenían sus lanzas afiladas para herir mortalmente a un candidato prominente. Conspiraron a puertas cerradas y contrataron a los mejores investigadores; se hicieron insinuaciones y se elaboraron informes sesgados. Se citaron fuentes desconocidas y un importante funcionario del gobierno declaró a la prensa que las creencias religiosas de este candidato interferían en sus deberes gubernamentales. Su comportamiento no era políticamente correcto.

En una sala privada y cuidadosamente custodiada del palacio en Babilonia, los gobernadores de más de cien provincias se reunieron en secreto. *El rey planea poner a este Daniel al frente de todo el reino. Tiene que desaparecer o no podremos llevar a cabo nuestros propios planes. Tenemos que desacreditarlo primero a los ojos del rey y luego eliminarlo.* Los gobernadores se tiraron de las barbas y sacudieron sus cabezas. No habían sido capaces de presentar cargos contra su oponente. No era mujeriego. No tenía intereses creados en el Banco Persa de Ahorros y Préstamos. Y tenía demasiados amigos en las altas esferas. Incluso Darío, a quien Ciro había puesto al frente de los territorios babilónicos conquistados, lo favorecía.

Comprobaron todas las cosas que había hecho, cada uno de los memorandos que había escrito. Lo persiguieron, pusieron micrófonos en sus habitaciones, e hicieron que el FBI medo-persa siguiera todas las pistas. Estaban llenos de rabia y envidia.

Finalmente, a uno de los conspiradores se le ocurrió una idea brillante: «... Nunca encontraremos nada de qué acusar a Daniel, a no ser algo relacionado con la ley de su Dios» (Dn 6:5).

Los gobernadores prorrumpieron en aplausos y se felicitaron mutuamente por esta hábil estratagema. Si las tácticas y los subterfugios políticos habituales no funcionaban, esto ciertamente sellaría el destino de este infiel. Enviaron un mensajero especial al palacio y solicitaron una audiencia con el rey.

CORRUPCIÓN EN EL REINO

¿Por qué toda esa gente quería deshacerse de Daniel? Si miramos el vasto imperio controlado por Darío, notamos que era muy parecido al gobierno moderno. Los ciento veinte sátrapas estafaban al rey. Darío no era tonto. Sabía que estos individuos se apropiaban de parte del dinero recaudado en impuestos y lo usaban para sus propios fines y costosos programas de gobierno. Conocía la reputación de Daniel y decidió ponerlo al frente de toda la estructura administrativa con la esperanza de que pudiera acabar con la corrupción. No es de extrañar que estos extorsionadores, que se paseaban en sus carros Rolls Royce y vacacionaban en la Riviera con el dinero de los contribuyentes, odiaran a Daniel.

La envidia mostró su más feo rostro. Alguien afirmó que la envidia es el homenaje que la mediocridad le rinde al genio. El mayor homenaje a Daniel fue que los que trabajaban con él conocían su carácter e intentaron por todos los medios deshacerse de él.

A veces pensamos que nuestros héroes bíblicos vivieron en un mundo irreal, y que nunca podríamos identificarnos con ellos. Alexander McClaren expresó la realidad del mundo de Daniel:

> Es notable que una persona de tanta belleza y consagración como Daniel se arraigara y creciera en aquella corte. Porque la corte era mitad desastre y mitad pocilga. Estaba llena de lujo y sensualidad, lujuria y egoísmo, idolatría y crueldad despiadada. Y en medio de todo esto creció la virtud de su carácter, puro y sin tacha según reconocieron sus propios enemigos.[1]

Siempre hay que pagar un precio por el liderazgo, en cualquier campo. El músico, el atleta, todo aquel que se entrega a la excelencia, tarde o temprano pagará el precio de la primacía. Una persona que ha sido bendecida por Dios con algún pequeño éxito siempre paga un precio por lo que ha logrado.

MIENTRAS TANTO, DE VUELTA EN EL PALACIO

Hubo desconcierto en el salón del trono. Los gobernadores entraron en tropel, todos hablaban ruidosamente y tomaron por sorpresa al rey. Lo primero que dijeron fue una mentira. Declararon que todos los líderes del reino se habían puesto de acuerdo, y sabían que Daniel no había sido consultado. Luego usaron la adulación para lograr la atención del rey. Se le acercaron y le dijeron: «Su alteza, hemos estado pensando, y hemos decidido que vamos a convertirlo en dios por un mes».

Se inclinaron ante el rey y con petulancia declararon:

> ... —¡Que viva para siempre Su Majestad, el rey Darío! Nosotros los administradores reales, junto con los prefectos, sátrapas, consejeros y gobernadores, convenimos en que Su Majestad debiera emitir y confirmar un decreto que exija que, durante los

próximos treinta días, sea arrojado al foso de los leones todo el que adore a cualquier dios u hombre que no sea Su Majestad. Expida usted ahora ese decreto, y póngalo por escrito. Así, conforme a la ley de los medos y los persas, no podrá ser revocado. (Dn 6:6-8)

A Darío le pareció muy bien la idea. Proverbios 27:4 expresa: «Cruel es la furia, y arrolladora la ira, pero ¿quién puede enfrentarse a la envidia?». Estos hombres estaban tan llenos de envidia que engañaron a su propio rey para que firmara algo que ellos sabían que no quería firmar. Para tener éxito en esta bien planeada conspiración, se aprovecharon de la vanidad del rey.

Darío firmó el decreto, el cual quedó establecido conforme a la ley de los medos y los persas. En aquella cultura, creían que sus monarcas eran infalibles, por lo que nunca podían equivocarse. El rey mismo no podía cambiar lo que había puesto por escrito, porque eso sería admitir su falibilidad, por ese motivo la ley de los medos y los persas era una ley que nunca podía modificarse. Darío puso el decreto por escrito, y ya no había forma de echarse atrás.

Cuando Daniel se enteró del decreto, regresó a su casa e hizo exactamente lo que estaba acostumbrado a hacer. Se arrodilló y oró: «... se fue a su casa y subió a su dormitorio, cuyas ventanas se abrían en dirección a Jerusalén. Allí se arrodilló y se puso a orar y alabar a Dios, pues tenía por costumbre orar tres veces al día» (Dn 6:10). Daniel era como David en este aspecto. En Salmos 55:17, leemos de David: «Mañana, tarde y noche clamo angustiado, y él me escucha». Lo emocionante de Daniel es que no cambió cuando se vio bajo presión. Creo que esta es una de las principales características de la piedad en la vida de las personas; pueden enfrentar las vicisitudes, sin ser afectadas por las circunstancias, gracias a la consistencia de su ejemplo y la piedad de su caminar.

Salmos 46:1-2 expresa:

Dios es nuestro amparo y nuestra fortaleza,
nuestra ayuda segura en momentos de angustia.
Por eso, no temeremos
aunque se desmorone la tierra
y las montañas se hundan en el fondo del mar.

Eso es todo. Pase lo que pase, sigue adelante.

Daniel probablemente tenía una pieza destinada a la oración en la parte superior de su casa, allí se colocaba en dirección a Jerusalén y oraba. Para un judío exiliado, era un acto de fe orar en dirección a la tierra de la que lo habían llevado cautivo. La postura misma era una forma de decir: «Dios, creo en Tu promesa de que algún día nos devolverás a nuestra tierra». A pesar del decreto que prohibía todas las oraciones excepto las dirigidas a Darío, Daniel continuó tranquilamente con su actividad.

Como un súper detective que se esconde entre los arbustos o detrás de una farola en la acera de enfrente, los políticos envidiosos vieron a Daniel orando. Entonces se apresuraron a volver al palacio y con mucha devoción y aplomo preguntaron:

… —¿No es verdad que Su Majestad publicó un decreto? Según entendemos, todo el que en los próximos treinta días adore a otro dios u hombre que no sea Su Majestad, será arrojado al foso de los leones.

—El decreto sigue en pie —contestó el rey—. Según la ley de los medos y los persas, no puede ser derogado. (Dn 6:12)

Ya lo tenemos —pensaron los informantes llenos de gozo—. *Daniel está acabado. El rey no se atreverá a revertir su orden. ¡Los leones tendrán un sabroso festín esta noche!* Y entonces le informaron al rey sobre las oraciones de Daniel.

Darío «… se deprimió mucho…» porque realmente respetaba a Daniel, y «… durante todo el día buscó la forma de salvarlo»

(Dn 6:14). Pero la trampa se había activado, y Daniel y el rey estaban atrapados en ella, no había nada que pudiera hacerse.

DANIEL: ¿IRREAL O INALTERABLE?

Alguien me dijo: «Este Daniel es irreal. Hablas de un individuo al que no lo podían atrapar en nada malo, con un historial perfecto. ¿Y crees que podríamos ser como él? Vamos, hombre».

Cuanto más estudio a Daniel, más deseo ser como él. ¿Cuál fue la base de su grandeza? Creo que hay cuatro cualidades que dieron forma al carácter de Daniel.

Primero, Daniel tenía una *actitud coherente*. La Escritura dice que tenía un espíritu excelente, así es como la reina madre lo describió a Belsasar. En otras palabras, tenía una buena actitud. Alguien me dijo una vez que nuestras actitudes determinan nuestra altura; es decir, qué tan alto llegamos. Hay muchos cristianos que tienen malas actitudes. Se quejan constantemente. No me gusta estar cerca de ellos pues me desalientan.

Daniel era un tipo positivo. Se movió entre toda la basura de su generación y nunca permitió que esto lo afectara. Siempre se entusiasmó con las cosas correctas.

En segundo lugar, Daniel era *constante en su desempeño*. Era un hombre que se tomaba sus tareas en serio. Si había algo que él debía hacer, sin duda lo haría, no había que preocuparse. Era un hombre que Dios usaba porque era digno de confianza; podías creer en él. Tenía credibilidad. ¡Cuánto necesitamos gente así en nuestra vida! Personas que nos den su palabra y que podamos contar con ellas para hacer lo que dicen que harán.

Además, Daniel no solo mostraba una postura y un desempeño coherentes, también poseía una *pureza inalterable*. Los más altos funcionarios del gobierno estaban decididos a espiar cada rincón oscuro de su vida, pero no pudieron encontrar nada de que acusarlo a en sus ochenta y tantos años de vida.

En una ocasión, algunas personas fueron a ver a Charles Haddon Spurgeon, uno de los mejores predicadores del mundo, con el objetivo de chantajearlo. Entraron en su oficina y lo amenazaron. Le dijeron que si no dejaba de predicar contra ciertos pecados, publicarían cosas que acabarían con su reputación. Él los invitó a seguir adelante con sus amenazas y publicar en todas partes todo lo que sabían de él.[2]

Ese es el poder de una conciencia limpia.

Supe de un hombre que fue a comprar pollo frito en un restaurante de comida rápida. Su mujer lo esperaba en el coche pues iban a hacer un pícnic en la playa. Compró su pollo, pero cuando llegaron a la playa y abrió la caja se sorprendió al ver que estaba llena de dinero. También estaban los recibos de las ventas del día. El gerente había usado la caja para guardar el dinero y así camuflarlo cuando lo llevara al banco. De alguna manera había confundido las cajas. El hombre sabía que tenía que devolver el dinero, así que regresó al restaurante, le entregó la caja al sorprendido gerente y le dijo:

—No es nuestro. Obviamente, hubo un error, y solo quería devolvérselo.

El gerente quedó atónito y le respondió:

—Mira, este tipo de cosas nunca se publican en los periódicos. Voy a llamar a un periodista ahora mismo para que haga un reportaje.

El hombre dijo:

—Espera, por favor no hagas eso.

—¿Por qué no? ¿Cuál es el problema?

Bueno —dijo tímidamente—, la mujer que me acompaña en el coche no es mi esposa.

Este es el tipo de pureza que tenemos en nuestra generación, incluso entre algunos cristianos. Decimos que llevamos una vida piadosa, pero bajo la superficie hay un pozo negro.

Daniel no era simplemente un guerrero de la oración, era un general de la oración. Tenía el hábito de orar a pesar de ser un hombre muy ocupado. Era el primer ministro del Estado medo-persa, y tratar de supervisar a aquellos gobernadores y funcionarios corruptos debía haber sido un trabajo a tiempo completo. Pero buscaba el momento para orar tres veces al día porque eso era una prioridad para él.

En algunos lugares he visto un eslogan que dice: «Si realmente tienes el día muy ocupado, no ores. Firmado, Satanás».

Daniel era tan cuidadoso en sus oraciones que se arrodillaba para orar. He hablado en una iglesia en Texas que me ha impresionado mucho. Tienen bancos para arrodillarse y oran de rodillas. Todo el personal ora de rodillas, y cuando van a hacer una oración pública, caminan hacia el frente y se arrodillan.

No quiero empezar una controversia sobre la posición adecuada del cuerpo durante la oración, pero un breve poema de Sam Walter Foss describe cómo debemos orar:

La manera adecuada de orar,
dice el diácono Lemuel Keys,
Y la única actitud apropiada
es arrodillarse.

No, yo diría que la forma de orar,
afirma el reverendo Wise,
es pararse derecho con los brazos extendidos
Y mirar hacia arriba con ojos de embeleso.

Oh, no, no, no, expresó Elmer Slow.
Tal postura es demasiado orgullosa.

Un hombre debería orar con los ojos cerrados
y la cabeza inclinada.

Me parece que las manos deberían estar
bien unidas al frente.
Ambas deben apuntar al suelo,
opina el reverendo Blunt.

El año pasado caí de cabeza en el pozo de Hitchkins,
dijo Cyrus Brown.
Mis dos talones hacia arriba,
Y mi cabeza hacia abajo.

Y oré en ese mismo momento,
la mejor oración que jamás haya elevado.
La mejor entre las mejores que haya orado
fue cabeza abajo.[3]

Dios nos escucha, incluso si estamos de cabeza.

LA FRASE SOBRE DANIEL

La clave de la vida de Daniel se expresa en un versículo que es profundo en su simplicidad. El último versículo del capítulo 1 afirma: «Y continuó Daniel...» (RVR1960). Independientemente de su edad, adolescente o anciano, Daniel continuó, de un modo constante. ¿Puedes imaginarte lo que podría pasar si tuviéramos tal constancia en nuestra vida que el entusiasmo y la determinación de seguir al Señor se desarrollaran, se profundizaran y florecieran para que desde la juventud hasta la vejez fuéramos siempre una herramienta valiosa en la mano de Dios? Eso es lo que anhelo para mi vida. Quiero que Dios me moldee de tal manera que a medida que envejezca, vaya mejorando. No quiero ser un viejo enojado, contencioso y amargado.

Sin embargo, espero no convertirme en un cuidador de zoológico ni verme en el aprieto que Daniel enfrentó. Mi ciudad natal tiene uno de los zoológicos más famosos del mundo, y créeme, he visto cómo se alimentan esos grandes felinos; espero que el Señor nunca me ordene saltar a uno de esos fosos ni ofrecer mi cuerpo como alimento para leones.

El siguiente episodio en la vida de Daniel es tan conocido que la mayoría de los niños de cinco años podría repetirlo, pero tiene más dramatismo del que algún escritor de aventuras podría imaginar.

EL GRAN RESCATE

El rey se encontraba en una trampa que él mismo había preparado, como un cazador que cae en su propia red. Cuando se ago-
taron las posibilidades de salvar a Daniel físicamente, tuvo que dar
la orden de lanzarlo a los leones. La cuenta atrás había concluido, y
no era posible buscar un arreglo ni apelar. El rey Darío ordenó la
ejecución al atardecer.

Cuando los guardias fueron a buscar a Daniel, probablemente no se resistió ni gritó: «Soy inocente; no he hecho nada malo».
Desconocemos su actitud en el momento del arresto, pero su carácter no había cambiado. Me recuerda la famosa frase de Shakespeare,
pronunciada por Julio César: «Los cobardes mueren muchas veces
antes de morir; los valientes prueban la muerte solo una vez».[1]

Darío estaba destrozado emocionalmente, y le dijo a Daniel:
«… ¡Que tu Dios, a quien siempre sirves, se digne salvarte!»
(Dn 6:16). Entonces regresó al palacio y tuvo una miserable noche
de insomnio, lleno de remordimiento por su orden fatal. La Biblia
afirma que nada distraía a Darío de su sufrimiento. Ni la música, ni
las mujeres que bailaban, ni la comida podían calmar su atribulado
corazón. Daniel había estado a cargo de todo el imperio, por lo que

el rey no solo perdía un amigo, sino también a su más importante administrador.

«Trajeron entonces una piedra, y con ella taparon la boca del foso. El rey lo selló con su propio anillo y con el de sus nobles, para que la sentencia contra Daniel no pudiera ser cambiada» (Dn 6:17). Con eso, los enemigos de Daniel pensaron que su destino estaba sellado.

Solo podemos imaginar lo que sucedió dentro de ese foso. Más adelante, al conocer el destino de los acusadores de Daniel, comprendemos que aquellos animales no eran gatitos. Cuando los guardias cerraron la puerta y pusieron el sello, Daniel descendió al suelo del foso. Con un rugido atronador, los enormes felinos salieron de sus cavernas y se aproximaron a Daniel, pero se detuvieron abruptamente como si una mano poderosa los hubiera frenado. Sus rugidos comenzaron a desvanecerse mientras se apiñaban alrededor del intruso, algunos olfatearon sus pies y otros le acariciaron suavemente su costado. Otros se volvieron con un resoplido indiferente y regresaron a sus cavernas.

Daniel se dejó caer, completamente exhausto después de la estresante experiencia, y elevó una oración de agradecimiento a Jehová por su liberación. Se recostó contra la pared para estar cómodo durante la noche, pero el foso era húmedo y frío. Dos cachorros de león se le acercaron, no agazapados para un ataque, sino con una actitud amistosa. Se acurrucaron a su lado, y le dieron calor y comodidad con su suave pelaje. Una vieja leona se arrastró y se echó delante de él. Daniel les acarició la espalda y ellos le lamieron su mano. Pronto el viejo patriarca recostó su cabeza sobre uno de los cachorros, y los cuatro durmieron profundamente en perfecta paz y tranquilidad. Pero el pobre Darío daba vueltas en su confortable cama, atormentado por la culpa y el miedo. A la mañana siguiente, bien temprano, llegamos a la siguiente escena.

Tan pronto como amaneció, se levantó y fue al foso de los leones. Ya cerca, lleno de ansiedad gritó:

—Daniel, siervo del Dios viviente, ¿pudo tu Dios, a quien siempre sirves, salvarte de los leones? (Dn 6:19-20)

Darío era como muchos de nosotros; declaró que esperaba que Dios salvara a Daniel, pero obviamente no creía que fuera posible. Daniel le respondió con respeto, lo cual es un gran mérito, si tenemos en cuenta que Darío había firmado un decreto para asesinarlo: «… —¡Que viva Su Majestad por siempre! —contestó Daniel desde el foso—. Mi Dios envió a su ángel y les cerró la boca a los leones. No me han hecho ningún daño, porque Dios bien sabe que soy inocente. ¡Tampoco he cometido nada malo contra Su Majestad!» (Dn 6:21-22).

Spurgeon sugirió una vez que fue bueno que los leones no intentaran comerse a Daniel. Nunca lo habrían disfrutado, porque era mitad agallas y mitad coraje.

Darío se alegró mucho cuando escuchó la voz firme de Daniel. Ordenó que se bajara una cuerda a través de una abertura, y Daniel pudo salir del foso: «… no se le halló un solo rasguño, pues Daniel confiaba en su Dios» (Dn 6:23).

Daniel no era diferente de ti ni de mí, excepto en la intensidad de su fe en su Dios todopoderoso. La historia de los milagros que Dios ha hecho desde el principio del cristianismo hasta hoy está contenida en lo que Dios hace por alguien que cree en Él.

El gran capítulo sobre el Salón de la fe, Hebreos 11, nos habla de lo que sucede en la vida de aquellos que creen en el Señor. Enoc creyó en Dios, y fue llevado al cielo sin experimentar la muerte. Abel ofreció un sacrificio más aceptable que el de Caín porque creyó en su Dios. Noé construyó un arca y se salvó junto a su familia porque creyó en su Dios. Abraham partió sin saber adónde iba porque creía en su Dios. José ordenó que se llevaran sus huesos cuando salieran de Egipto porque creía en su Dios. Moisés rehusó llamarse hijo de la hija del faraón, y eligió sufrir junto al pueblo de Dios, porque creía en su Dios.

¿Tenía miedo Daniel? Creo que debió estar bastante asustado cuando lo lanzaron sin miramiento dentro del foso de los leones. Una maestra preguntó una vez a una clase de la escuela dominical si pensaban que Daniel tenía miedo, y una niña respondió: «No creo que tuviera miedo, porque uno de los leones era el León de la tribu de Judá que estaba allí con él». Esa niña conocía su Biblia.

> Entonces el rey mandó traer a los que falsamente lo habían acusado, y ordenó que los arrojaran al foso de los leones, junto con sus esposas y sus hijos. ¡No habían tocado el suelo cuando ya los leones habían caído sobre ellos y les habían triturado los huesos! (Dn 6:24)

No hay duda de la ferocidad de aquellas bestias. Atacaron a esos individuos y los devoraron antes de que llegaran al suelo. En lugar de un viejo y duro judío, desayunaron un montón de tiernos y cobardes persas.

«Cavan una fosa profunda para atrapar a otros, luego caen en su propia trampa» (Sal 7:15, NTV). Creo que Dios a menudo hace que la gente caiga en la fosa cuando intentan dañar a sus ungidos.

EL SÍNDROME DE «¡QUÉ MÁS DA!»

Muchos de nosotros hemos escuchado esta historia desde que éramos niños y asistíamos a la escuela dominical. Nos sabemos de memoria todas las posiciones del franelógrafo y hemos gastado crayones coloreando sobre este tema. Entonces, ¿qué importancia tiene para nosotros?

No hay nada en el Libro de Daniel que no tenga una aplicación práctica en nuestra vida. Las historias más conocidas están en consonancia con las situaciones que enfrentamos cada día.

Primero, ante nosotros está la posibilidad de vernos en el foso de los leones. La naturaleza de la fe cristiana nos hace propensos a enfrentar leones, porque no estamos en sintonía con el mundo que nos rodea. Recuerda que Sadrac, Mesac y Abednego estaban de pie cuando todos los demás estaban arrodillados, y Daniel estaba arrodillado cuando todos los demás estaban de pie. Dios no les evitó sentir la presión de una muerte segura; los guio a través del horno en llamas y el foso de los leones.

¿Cuáles son los leones en tu vida? Tal vez los leones a los que nos enfrentamos son la enfermedad, o los negocios que van mal, o la calumnia, o las desavenencias familiares. Tarde o temprano es inevitable que cada persona se enfrente a los leones. La Biblia advierte: «Practiquen el dominio propio y manténganse alerta. Su enemigo el diablo ronda como león rugiente, buscando a quién devorar» (1 P 5:8). Pero Dios promete que nos mantendrá a salvo en medio de los leones. «El ángel del SEÑOR acampa en torno a los que le temen; a su lado está para librarlos. [...] Los leoncillos se debilitan y tienen hambre, pero a los que buscan al SEÑOR nada les falta» (Sal 34:7, 10).

Cuando comencé a viajar, cada vez que subía a un avión ocurría una verdadera batalla en mi alma. Temía que algo me sucediera y no volviera a ver a mi familia. ¿Qué les pasaría mientras yo estuviera fuera? En aquellos primeros días, cuando viajaba para predicar, las preocupaciones me torturaban. Al llegar a mi destino llamaba a mi esposa para ver si todo estaba bien. Luego me iba a predicar sobre la confianza en Dios y la fe.

Pero un día leí algo que me impresionó tan profundamente que no me he preocupado desde entonces. Decía: «Un hombre de Dios en la voluntad de Dios es inmortal hasta que su trabajo en la tierra esté hecho». Eso significaba que mientras fuera un hombre de Dios e hiciera Su voluntad, nada podía tocarme hasta que Él terminara conmigo. Y cuando Él termine conmigo, ya no quiero permanecer aquí.

Ahora puedo subirme a ese avión y confiarle a Dios mi familia y mi seguridad. Si estoy en Su voluntad, y voy donde Él quiere que vaya, puedo estar seguro de que Él sabe lo que hace conmigo. La promesa del foso de los leones es esta:

> A veces Dios cierra la boca de los leones;
> a veces nos ordena luchar o escapar;
> a veces nos alimenta en el arroyo;
> a veces el arroyo se seca.
> El peligro que Su amor permite,
> es más seguro de lo que nuestros temores pueden saber;
> el peligro que Su cuidado permite
> es nuestra defensa donde vamos.[2]

¿POR QUÉ DIOS...?

La pregunta que más comúnmente les hacen a los cristianos, y que ellos mismos se hacen, es: «¿Por qué Dios permite que sucedan cosas malas?». ¿Por qué dos hombres inocentes van a la cárcel durante varios años por un crimen que no cometieron? ¿Por qué un niño se ahoga en el estanque de peces de la casa de su abuela? ¿Por qué la persona que da más a su iglesia y a las organizaciones benéficas pierde su negocio? ¿Por qué la madre de tres niños pequeños tiene cáncer? Estas son preguntas reales hechas por personas que conocemos. ¿Qué me dices de nuestro amigo Daniel? ¿Por qué debería ser él quien termine en el foso de los leones? ¿Es Daniel el héroe de la historia? En realidad, es solo uno de los actores secundarios de este gran drama. La verdadera estrella de la historia es Dios mismo.

Dios envió a Su ángel para librar a Daniel. Y el rey Darío emitió un decreto en el que daba gloria no a su amigo Daniel, sino al «Dios de Daniel»:

> … »Porque él es el Dios vivo,
> y permanece para siempre.
> Su reino jamás será destruido,
> y su dominio jamás tendrá fin.
> Él rescata y salva;
> hace prodigios en el cielo
> y maravillas en la tierra.
> ¡Ha salvado a Daniel
> de las garras de los leones!». (Dn 6:26-27)

¿Te imaginas un decreto como ese que venga de la Casa Blanca y se lea en cada estación de televisión y se publique en cada periódico? Esa declaración de fe nacional la hizo un rey pagano medo-persa.

El verdadero tema central de la historia es Dios. Tomó el foso de los leones y lo usó para Su propia gloria y Sus propósitos, y cuando la historia terminó y se escribió, el objetivo de esas dificultades fue glorificar a Dios.

Al principio del capítulo 6 de Daniel encontramos un nuevo régimen. Al final del capítulo hay una nueva religión, debido al decreto de un rey que experimentó el poder del Dios todopoderoso.

¿Por qué le pasan cosas malas a la gente buena? Es para que Dios pueda ser glorificado a través de experiencias similares a la del foso de los leones. No sé cómo lo hace, pero siempre que Dios le pide a uno de los Suyos que pase por momentos difíciles es con el propósito de glorificarse a sí mismo, no solo en la experiencia, sino en la respuesta a esa experiencia.

FUE ASÍ COMO DANIEL PROSPERÓ

Dios es el gran motivador. Después de todo lo ocurrido, la Biblia nos dice: «Fue así como Daniel prosperó durante los reinados de Darío y de Ciro el Persa» (Dn 6:28).

Santiago 1:12 expresa: «Dichoso el que resiste la tentación porque, al salir aprobado, recibirá la corona de la vida que Dios ha prometido a quienes lo aman». El propósito de las pruebas es glorificar a Dios, pero también purificarnos. Cuando somos purificados, prosperamos; cuando Dios nos introduce en el horno y aparta toda la escoria, salimos como oro puro. Entonces es el momento de una promoción en el plan de Dios.

John Bunyan, autor de *El progreso del peregrino*, fue encarcelado durante el reinado de Carlos II. Si Bunyan hubiera estado dispuesto a firmar una declaración en la que se comprometiera a no predicar en público, habría salido de la prisión. Estuvo encarcelado durante doce años, pero podría haber salido en libertad condicional en cualquier momento si hubiera aceptado esa condición. Durante esos doce años, tenía una esposa que dependía de él e hijos pequeños. Una de sus hijas se llamaba Mary, y era ciega. En el calabozo, Bunyan pensaba a menudo en su pequeña Mary, y se le oprimía el corazón.

En una ocasión, escribió: «Oh, los pensamientos de las penurias que mi hija ciega podría sufrir me agobiaban el corazón. Pobrecita, pensé, ¿qué dolor debes sentir por tu posición en este mundo?». Bunyan permaneció en el calabozo, y dejó todas sus preocupaciones, incluso a la pequeña Mary, en manos de Dios. Fue hacia el final de su encarcelamiento cuando escribió este glorioso pasaje: «Si nada funcionara, a menos que haga de mi conciencia una carnicería continua y un matadero, a menos que me saque los ojos, me encomiendo a los ciegos para que me guíen, como no dudo que algunos desean, he determinado que el Dios todopoderoso sea mi ayuda y mi escudo, y aun sufrir, si es que puedo continuar en esta frágil vida, y continuar así por mucho tiempo, incluso hasta que el musgo crezca en mis cejas, en lugar de violar mi fe y mis principios.3

¿DÓNDE ESTÁN TODOS NUESTROS HÉROES?

¿Dónde están las personas que reconocen que la vida no es importante si lo único que se valora es la seguridad física y el bienestar? Que nuestra fe se edifique según la actitud de Daniel, John Bunyan y otros que consideraron el principio de la obediencia a Dios como el mayor compromiso que una persona puede tener en esta vida.

Daniel era un hombre comprometido, un hombre de un testimonio y una fe en su Dios inquebrantables. Dios le confió algunos de los más grandes secretos de las edades. Con gran asombro comprendo que esos secretos han llegado a nosotros para que los entendamos, si tenemos la curiosidad de descubrirlos.

EL EXTRAORDINARIO PLAN DE DIOS PARA LAS NACIONES

Acabas de sentarte en tu asiento favorito con un nuevo libro *best seller* entre tus manos, una convincente historia de aventuras. Es tan apasionante que contienes el aliento al pasar las páginas. Ahora llegas a la parte de la historia donde la tensión aumenta. El capítulo termina, y te deja en un agonizante suspenso. Cansado pero persistente, comienzas el siguiente capítulo y descubres que hay una escena retrospectiva. *¿Por qué me hace esto el autor? ¿No sabe que necesito dormir?*

Cuando Daniel dice adiós a sus peludos amigos, no lo seguimos por las calles de Babilonia para conocer su próxima aventura, sino que regresamos al primer año del reinado de Belsasar. En una de las descripciones más profundas de un sueño que hay en la Biblia, Daniel cuenta sus inquietantes visiones. El mismo hombre que se mantuvo tranquilo y confiado frente a dictadores y bestias salvajes, ahora tiembla y palidece con el conocimiento que le es revelado. El gran intérprete no puede explicar sus propios sueños y requiere de los servicios de un ángel.

DE VUELTA AL FUTURO

El doctor John Walvoord, quien fue rector del Seminario Teológico de Dallas y un importante estudioso de la profecía bíblica, expresó: «La visión de Daniel es la profecía más completa y detallada del Antiguo Testamento sobre los acontecimientos futuros».[1]

Tengo entendido que entre los escribas que copiaron el Antiguo Testamento, el capítulo 7 de Daniel era considerado el más grande de la Escritura. Es por entero una profecía sobre el futuro, la constancia del increíble e inmutable plan de Dios para las naciones. Todos los futuristas modernos que se sientan en los centros de investigación de las naciones pueden expresar sus advertencias sobre los agujeros en la capa de ozono, el agotamiento de los recursos naturales y el mal uso de la energía nuclear, pero son incapaces de darnos una pista sobre el futuro final de la humanidad. Daniel lo hace. Todo aquel que no crea en una Biblia sobrenatural tiene grandes problemas para aceptar la verdad de este capítulo.

Los primeros seis capítulos de Daniel son historia, los capítulos del 7 al 12 son profecía. Daniel tuvo cuatro grandes sueños proféticos a lo largo de unos veintidós años. El capítulo 2, donde el sueño lo tuvo Nabucodonosor y fue interpretado por Daniel, y el capítulo 7, donde el sueño le es dado a Daniel e interpretado por un ángel, se ubican juntos en una perspectiva histórica. El capítulo 2 muestra la historia desde el punto de vista de un rey pagano, con la gigantesca estatua que tenía la cabeza de oro, el pecho y los brazos de plata, el vientre y los muslos de bronce, las piernas de hierro y los pies de hierro y barro cocido. Esa era la idea que tenía Nabucodonosor de la historia humana, el gran logro de la humanidad y el humanismo. Ahora veremos el punto de vista de Dios sobre las naciones y su naturaleza moral.

Daniel transmite la verdad profética a través de señales y símbolos, tal como lo hizo Juan en el Libro de Apocalipsis.

LAS CUATRO BESTIAS MARINAS

En el primer año del reinado de Belsasar en Babilonia, Daniel tuvo un sueño y visiones mientras yacía en su lecho. Entonces puso por escrito lo más importante de su sueño, y esto es lo que escribió:

«Durante la noche tuve una visión, y en ella veía al gran mar, agitado por los cuatro vientos del cielo. Del mar salían cuatro bestias enormes, cada una diferente de la otra». (Dn 7:1-3)

Estas bestias no fueron los ancestros del monstruo del lago Ness, sino criaturas que simbolizaban la naturaleza de ciertos reinos. Emergieron del gran mar, que en la antigüedad era una forma de referirse al Mediterráneo. En su sueño, Daniel se vio a sí mismo de pie junto al Mediterráneo, pero no estaba allí para admirar la puesta de sol.

Con frecuencia usamos la expresión «un mar de gente», y la Biblia a menudo se refiere a un «mar» con el sentido de una gran masa de pueblos. Cuando Daniel vio en su visión este gran mar de la humanidad, había fuertes vientos que lo agitaban desde los cuatro puntos cardinales. Esto simbolizaba las luchas y las revueltas políticas, las guerras y el derramamiento de sangre entre las naciones. Daniel ve las naciones en conflicto, que es la condición humana permanente.

De estas aguas turbulentas emergen cuatro de las bestias más horribles que se puedan imaginar. En la Biblia, los animales se usan a menudo para representar reinos, y aún hoy el león representa a

Gran Bretaña, y el águila a Estados Unidos. Casi todas las naciones tienen sus propios animales que las representan.

La primera bestia que levantó su horrible cabeza parecía un león, pero tenía las alas de un águila. Mientras Daniel observaba, le fueron arrancadas las alas y quedó de pie como un ser humano. La segunda bestia se parecía a un oso y «… entre sus fauces tenía tres costillas. A esta bestia se le dijo: ¡Levántate y come carne hasta que te hartes!» (Dn 7:5). La tercera bestia era un monstruo de cuatro cabezas que parecía un leopardo y tenía cuatro alas. (Incluso al doctor Seuss le habría resultado difícil idear algo parecido). La cuarta bestia era casi indescriptible: «… vi ante mí una cuarta bestia, la cual era extremadamente horrible y poseía una fuerza descomunal. Con sus grandes colmillos de hierro aplastaba y devoraba a sus víctimas, para luego pisotear los restos. Tenía diez cuernos, y no se parecía en nada a las otras bestias» (Dn 7:7).

Estas bestias no surgieron todas a la vez; fueron apareciendo en una secuencia. Cada una representa una etapa de los reinos del mundo, exactamente como ocurrió en el sueño de Nabucodonosor en el capítulo 2. Desde el punto de vista del rey, eran las partes físicas de un ser humano. (La cabeza de oro era Babilonia; los brazos y el pecho de plata eran el imperio medo-persa; el vientre y las piernas de bronce eran Grecia; y las partes de hierro representaban a Roma). Desde el punto de vista de Dios, eran bestias; aquí se revela su verdadero carácter.

La primera bestia era un león con alas. El símbolo nacional de Babilonia era un león alado. En realidad la puerta de Istar en la ciudad de Babilonia tiene dos leones alados que la custodian. El poder y la fuerza del Imperio babilónico estaban en la fuerza y el poder del león y el águila. Jeremías describió así a Nabucodonosor: «Un león ha salido del matorral, un destructor de naciones se ha puesto en marcha…» (Jer 4:7).

Dios nos da profecías específicas, y siempre son ciento por ciento correctas. Todo aquel que se diga *profeta* o *vidente* hoy tendría que tener ese mismo resultado, o sería considerado un fraude.

Cuando le arrancaron las alas al león, fue algo similar a lo ocurrido con el viejo rey Nabucodonosor, que por su arrogancia y orgullo vivió como una bestia durante siete años, caminó en cuatro patas y comió pasto en el patio trasero. Después de un tiempo, se le permitió volver a levantarse como un hombre, y se le dio un nuevo corazón.

La segunda bestia simboliza el siguiente reino, el Imperio medo-persa. Los osos en la Biblia son siempre agresivos, no son amistosos ositos de peluche. El segundo reino era feroz y codicioso, y los historiadores nos dicen que los medo-persas conquistaron Lidia, Babilonia y Egipto, que son las tres costillas que Daniel vio en la boca del oso. La bestia se levantaba sobre uno de sus costados, como un oso de circo que hace un número, y los historiadores nos dicen que una de las mitades del Imperio medo-persa fue la dominante. Los persas tomaron el control y subyugaron a los medos, que se convirtieron en parte del Imperio persa.

La tercera bestia salta del mar como un leopardo que se abalanza sobre su presa. Este animal tiene fama de ser veloz, astuto, cruel y poseer un insaciable apetito por la sangre. La historia nos muestra que los persas fueron derrotados por Grecia, bajo el liderazgo de Alejandro Magno, quien fue el creador de la estrategia militar llamada *Blitzkrieg* o guerra relámpago. La velocidad de su campaña de conquista no tenía precedentes en el mundo antiguo. Este leopardo también tenía cuatro cabezas, y como es conocido, luego de la muerte de Alejandro su reino se dividió entre sus cuatro generales principales.

Alejandro y treinta y cinco mil soldados se enfrentaron al ejército medo-persa de unos doscientos o trescientos mil hombres y ganaron milagrosamente. Todos atribuían la victoria a la estrategia militar de Alejandro, pero Daniel 7:6 afirma que esta bestia «recibió autoridad para gobernar». No importa cuán brillantes parezcamos, en última instancia es Dios quien tiene el control.

El pobre Alejandro podía conquistar cualquier cosa menos a sí mismo, como muchos líderes mundiales. Se nos dice que murió como resultado de su vida disoluta a la edad de treinta y dos años, fue un alcohólico víctima de sus propios deseos.

No existe ningún animal con el que podamos comparar la cuarta bestia. Representaba el materialismo imperialista y cruel de Roma, un imperio que era conocido por su crueldad. Fue Roma la que crucificó a Pedro y decapitó a Pablo. Fue Roma la que desterró a Juan a la isla de Patmos y Roma la que quemó a los cristianos y masacró a hombres, mujeres y niños. Fue Roma la que crucificó a nuestro Señor.

Observa cómo hay un deterioro gradual de las naciones. Con Nabucodonosor vimos que el sueño comenzaba con la cabeza de oro y terminaba con los pies de barro. En el primer sueño de Daniel, comenzamos con el noble león, el rey de las bestias, y terminamos con una criatura indescriptible. Esta es la involución de los reinos del mundo.

ESE EXTRAÑO CUARTO REINO

La Biblia afirma que esta cuarta bestia que salía de las aguas mostraba diez cuernos en su cabeza, que son diez reinos que gobiernan simultáneamente. Entonces aparecerá uno que conquistará tres de los primeros reinos y finalmente dominará todo el imperio. Es obvio que estamos hablando del anticristo. En la historia del mundo, nunca ha habido un Imperio romano compuesto por diez partes, de modo que esto tiene que ser algo que ocurrirá en el futuro. El Imperio romano nunca desapareció completamente, como otros reinos antiguos. Roma se vino abajo debido a la corrupción interna, pero las naciones de Europa Occidental y las adyacentes al Mediterráneo siguen siendo parte de lo que una vez fue el Imperio romano. Cuando los germanos y los eslavos avanzaron hacia el territorio romano, sus príncipes se casaron con mujeres de familias romanas. Carlomagno descendía de una casa romana; también el emperador alemán, Otón II, y el Gran príncipe ruso Vladímir I se casaron con hijas del emperador romano del este. El antiguo reino romano continuó, pero sin dominio.

¿Recuerdas los diez dedos de la estatua y la piedra que se desprendió de la montaña y los aplastó? Eso significa simplemente que cuando Cristo vuelva, el imperio de diez partes tiene que estar todavía en pie.

Mientras Daniel observaba los diez cuernos, surgió «... entre ellos otro cuerno más pequeño. Por causa de este fueron arrancados tres de los primeros» (Dn 7:8). Este cuerno no se parecía a ninguno que hayamos visto, pues tenía ojos humanos y una boca que presumía con arrogancia. Se podría decir que se alababa a sí mismo. Luego conoceremos más sobre él.

LO QUE LOS LIBROS DE HISTORIA NO CUENTAN

Desde nuestro punto de vista, somos más «civilizados» en la actualidad. Tenemos bañeras y barbacoas de gas, ordenadores y vehículos eléctricos. Hemos llevado hombres a la luna y nuestras unidades de combate se desplazan por todo el mundo. Nos vanagloriamos de los avances y los logros de la civilización, pero Dios ve claramente la historia humana como una crónica de inmoralidad, brutalidad y depravación. Los gobiernos y los líderes políticos pueden enmascarar su verdadero carácter ante la gente por un tiempo, pero quedan descubiertos ante Dios. Del mismo modo que pasamos de la cabeza de oro a los pies de barro y del león real a la bestia indescriptible, a medida que la historia avanza no hay una mejoría, sino un empeoramiento.

La historia humana no mantendrá indefinidamente su curso actual, ni llegará a su fin porque la humanidad se autodestruya. El mundo no parece tan paranoico como hasta hace poco respecto a la destrucción nuclear masiva, pero todavía existe el peligro de que algún demagogo presione el botón. Cuando Jesucristo regrese, será a un mundo que aún estará en pie, no a una tierra quemada llena de desechos nucleares.

Algunas personas rehúsan leer las noticias y ver la televisión porque las noticias son deprimentes. A mí me gusta estar al tanto de los acontecimientos, porque cuando vemos que abundan los golpes de Estado, los complots y las rebeliones en las naciones, el caos es como la agitación del mar que Daniel vio en su sueño y es un recordatorio de que lo que nunca hemos podido lograr, Dios lo controla desde el cielo.

El sueño de Daniel sobre las cuatro bestias no ha terminado. La escena cambia a mitad del sueño. Es como estar sentado en una habitación oscura y ver su visión en una pantalla que se divide horizontalmente en dos partes. En la mitad inferior de la pantalla aparecen las cuatro bestias que salen del mar de la humanidad una tras otra. Mientras observamos con horror y fascinación, la cuarta bestia aparece en la pantalla y aplasta y devora a todas las naciones. Con el último suspiro del Imperio romano, la parte superior de la pantalla de repente se ilumina y vemos el salón del trono en el cielo. ¡Qué impresionante contraste con la agitación en la tierra!

Antes de analizar esta majestuosa escena, necesitamos una perspectiva profética. Cuando seamos capaces de entender la forma en que los profetas del Antiguo Testamento veían el futuro, todo el rompecabezas profético encajará.

LAS MONTAÑAS Y LOS VALLES DE LA PROFECÍA

Los profetas del Antiguo Testamento miraban hacia adelante y a menudo veían imágenes del futuro que se superponían, sin distinguir entre las diferentes venidas de Jesucristo. Es como estar muy lejos de una cordillera y a medida que nos acercamos nos parece ver un gran pico. Pero al aproximarnos más nos damos cuenta de que no hay un solo pico, sino dos. Y cuando estamos más cerca, vemos que hay un gran valle entre esos picos. Daniel, Isaías y Jeremías miraron hacia el futuro y vieron la venida de Jesucristo como el Mesías, pero sus profecías parecen enseñarnos que lo que sucede en la segunda venida ocurrió al mismo tiempo que la primera.

El problema de la gran brecha de tiempo entre las profecías del Antiguo Testamento y su cumplimiento en el futuro ha causado muchas dificultades a los estudiosos de la Biblia. Pero cuando veamos con claridad esta brecha de tiempo, ya no nos confundirá la secuencia descrita por los profetas de la antigüedad.

Tomemos solo un pasaje de Isaías 61:

> El Espíritu del Señor omnipotente está sobre mí,
> por cuanto me ha ungido
> para anunciar buenas nuevas a los pobres.
> Me ha enviado a sanar los corazones heridos,
> a proclamar liberación a los cautivos
> y libertad a los prisioneros,
> a pregonar el año del favor del Señor
> y el día de la venganza de nuestro Dios… (Is 61:1-2)

Esta es una profecía sobre la venida de Jesucristo a esta tierra, y afirma que cuando regrese va a anunciar buenas nuevas, sanar los corazones heridos, proclamar la liberación a los cautivos, dar libertad a los prisioneros y proclamar el año del favor del Señor (no un año natural, sino el período en que se proclamaría la salvación, la era mesiánica). Estos términos describen precisamente lo que Jesús hizo cuando vino a la tierra por primera vez.

No obstante, he aquí el resto de la historia: «Pregonar […] el día de la venganza de nuestro Dios». ¿Ocurrió eso cuando Jesús estuvo aquí la primera vez? No, eso sucederá cuando venga la segunda vez con una espada de fuego para traer el juicio a las naciones. Jesús citó este pasaje de Isaías en Lucas 4:18-19. Sin embargo, el Señor reconoció que incluso en las profecías de Isaías, hubo un gran período de más de mil novecientos años entre Su primera venida y la segunda.

En el sueño de las bestias que tuvo Daniel, ese período parece llegar a su fin con la cuarta bestia que tenía diez cuernos y aplastaba y devoraba a sus víctimas. Como no hay pruebas de que haya existido un Imperio romano formado por diez partes, podemos concluir que hemos llegado a esa brecha de tiempo, el valle que no podíamos ver antes. Esta es la última fase, que describe los sucesos que tendrán lugar cuando el Señor venga por segunda vez.

La siguiente parte del sueño de Daniel está separada de la primera por más de dos mil años. Aquí pasamos a la parte superior de la pantalla y visitamos el salón del trono en el cielo.

EL VENERABLE ANCIANO

Mientras yo observaba esto,
se colocaron unos tronos,
y tomó asiento un venerable Anciano.
Su ropa era blanca como la nieve,
y su cabello, blanco como la lana.
Su trono con sus ruedas
centelleaban como el fuego.
De su presencia brotaba

un torrente de fuego.
Miles y millares le servían,
centenares de miles lo atendían.
Al iniciarse el juicio,
los libros fueron abiertos. (Dn 7:9-10)

¡Daniel 7 es el único lugar de la Biblia donde se menciona al venerable Anciano! Dios no es humano; es Espíritu. Pero aquí Daniel visualiza a Dios literalmente como «el Anciano», o «Aquel que ha existido desde siempre». Al mirarlo, lo ve en Su santidad, eternidad y gloria; casi todos los principales atributos de Dios el Padre están representados en la escena que Daniel ve cuando mira al cielo.

Dios es eterno, el venerable Anciano, la fuente del tiempo. Salmos 90:2 expresa: «Desde antes que nacieran los montes y que crearas la tierra y el mundo, desde los tiempos antiguos y hasta los tiempos postreros, tú eres Dios».

Su ropa era blanca como la nieve, la imagen de la pureza absoluta. Se sienta en Su trono con majestad, es el juez soberano del universo, las ruedas de fuego de Su trono le permiten llevar el juicio a cualquier parte del universo. El «torrente de fuego» representa la presencia de Dios, que se describe en muchos otros pasajes. «El fuego va delante de él y consume a los adversarios que lo rodean» (Sal 97:3).

Millones de ángeles se inclinan y adoran ante el trono del venerable Anciano, lo que lo describe como la Deidad, el Altísimo, pues solo Él es digno de ser adorado.

Ya el tribunal está a punto de reunirse, el juez está sentado, y se presenta la evidencia escrita. Los libros de Dios serán traídos para el juicio. No tengo conocimiento de todos los que hay en Su biblioteca, pero sé de algunos de ellos. Moisés sabía de uno de ellos cuando expresó: «Sin embargo, yo te ruego que les perdones su pecado. Pero, si no vas a perdonarlos, ¡bórrame del libro que has escrito!» (Éx 32:32).

ALGUNOS DE LOS LIBROS DE DIOS

¿Sabías que Dios guarda un registro de nuestras penas? «Toma en cuenta mis lamentos; registra mi llanto en tu libro. ¿Acaso no lo tienes anotado?» (Sal 56:8). En la biblioteca del cielo, Dios tiene un libro llamado *Las lágrimas de los santos*.

También hay un libro donde Dios mantiene un registro de todos los que lo reverencian y le temen: «... entonces se escribió en su presencia un libro de memorias de aquellos que temen al Señor y honran su nombre» (Mal 3:16). Su biblioteca también contiene el Antiguo y el Nuevo Testamento, y el libro de las acciones que hemos realizado, las palabras que hemos dicho y los pensamientos que hemos tenido. En realidad, en el Libro de Apocalipsis vemos cómo Dios juzgará a los muertos cuando se presenten ante Él y se abra el libro de la vida.

En el sueño de Daniel, Dios está a punto de abrir los libros y juzgar a las naciones del mundo. Va a leer sus acciones, su blasfemia y su idolatría. Va a llevar a Babilonia, Medo-Persia, Grecia y Roma ante el todopoderoso tribunal y las declarará culpables.

Si recordamos la imagen de la pantalla dividida, podemos ver que el Altísimo reina en el cielo mientras Sus enemigos crean confusión en la tierra. Dios tiene el control.

EL HIJO DEL HOMBRE ANTE EL TRONO

Cuando Daniel contó sobre el siguiente jugador de este drama celestial, esta persona no había llegado aún a la tierra como un bebé ni había asumido la naturaleza humana. «Mientras continuó mi visión esa noche, vi a alguien parecido a un hijo de hombre descender con las nubes del cielo. Se acercó al Anciano y lo llevaron ante su presencia» (Dn 7:13, NTV).

Los estudiosos de la profecía saben que en los pasajes proféticos a menudo se usa el nombre de Hijo del hombre para referirse a Jesucristo. Hijo de Dios nos indica Su divinidad; Hijo de David se refiere a Su realeza; e Hijo del hombre habla de Su naturaleza humana.

Aquí está en Su forma humana y se acerca a Dios el Padre. La escena requiere que utilicemos al máximo nuestra imaginación espiritual. Mientras Jesucristo, el Hijo del hombre, está de pie ante el trono, Dios el Padre le va a entregar todas las naciones del mundo. En Salmos 2:8, Dios habla, y creo que lo hace con Jesucristo. Expresa: «Pídeme, y como herencia te entregaré las naciones; ¡tuyos serán los confines de la tierra!».

Apocalipsis 11:15 lo expresa de esta manera: «... El reino del mundo ha pasado a ser de nuestro Señor y de su Cristo, y él reinará por los siglos de los siglos».

¿Cómo obtuvo Jesucristo el derecho a gobernar sobre todos los pueblos de todas las naciones? Algunas personas quieren que creamos que Él era solo otro profeta, un buen maestro. Incluso le dieron el nombre de *Jesucristo Superestrella* en una ópera de rock de la década de 1970. Atribuirle cualquiera de esas identidades es disminuir y degradar lo que realmente es. Un día se presentó ante Dios el Padre y recibió el dominio completo del mundo. Su reino sustituye todo lo que hemos visto en cualquier reino, pasado o futuro. Como cristianos aguardamos Su reino futuro. Todos los demás gobiernos y liderazgos mundiales terminarán por fracasar.

EL REINO DE CRISTO FRENTE A
LOS REINOS DEL MUNDO

Vivimos en el reino de este mundo. Su alcance es limitado, pero el reino de Cristo no tiene limitaciones. Él es el monarca absoluto de todo el mundo.

En segundo lugar, el reino de Jesucristo es único. Es un reino que tiene a su alrededor el aura de la Deidad. Está lleno de divinidad, es un reino glorioso. En la historia del mundo ha habido momentos considerados como edades de oro, pero nunca hemos visto nada similar a lo que Dios tiene reservado para cuando establezca Su reino.

Además, el reino de Dios está unido mientras los reinos de este mundo están desgarrados. Al leer el Libro de Daniel, hemos visto el caos y las rupturas en los gobiernos. Siempre ha sido así. Un día leo en la prensa que un país ha ganado una guerra; al día siguiente me entero de que la guerra continúa y nadie sale victorioso. Un día se firma una tregua en algún lugar, y al día siguiente ya no hay tregua.

Cuando Jesús venga a establecer Su reino, este se extenderá de este a oeste, de norte a sur. Abarcará todos los rincones de la tierra. Su reino será interminable, mientras que los reinos de este mundo son temporales. Por último, la Escritura nos dice que será inconquistable; Su reino jamás será destruido.

Cuando nos entusiasmemos con el reino de Jesucristo, sentiremos repulsión por los reinos de este mundo. Ver lo que Dios tiene reservado para aquellos que lo aman nos ayuda a entender lo que ocurre en nuestro mundo hoy y a no estar obsesionados al respecto.

A pesar de que había podido entrever el glorioso reino de Dios, Daniel expresó: «Yo, Daniel, me quedé aterrorizado, y muy preocupado por las visiones que pasaban por mi mente» (Dn 7:15). No es de extrañar, ya que la siguiente escena perturbaría a cualquiera de nosotros. En ella comprendemos el horrible, perverso y verdadero significado de la cuarta bestia.

12

LA BESTIA VENIDERA Y SU REINO SALVAJE

Un amigo me contó sobre una llamada desesperada que recibió de una mujer que le había alquilado una casa. La mujer gritaba tan fuerte que apenas podía entenderla. «Venga inmediatamente, están en todas partes. Es horrible, simplemente horrible», gimió.

Cuando llegó, encontró a la angustiada mujer sentada en el suelo de la cocina, junto a la comida que colocaba de nuevo en los armarios. Estaba al borde de la histeria y no dejaba de señalar hacia la base de los armarios y gritar: «Había millones, caminaban sobre toda mi comida. Cuando encendí la luz, desaparecieron». Mi amigo llamó inmediatamente al exterminador para acabar con aquellas cucarachas.

Satanás es como esas cucarachas. No le gusta que lo descubran, y cuando alguien enciende la luz y expone sus disfraces, se esconde. Pero también intentará atacar a la gente que revele sus tácticas y motivos. Incluso una persona de fe inquebrantable como Daniel se sintió perturbado por lo que vio sobre la cuarta bestia en su sueño.

Quise entonces saber el verdadero significado de la cuarta bestia, la cual desmenuzaba a sus víctimas y las devoraba, pisoteando luego sus restos. Era muy distinta a las otras tres, pues tenía colmillos de hierro y garras de bronce. ¡Tenía un aspecto espantoso! Quise saber también acerca de los diez cuernos que tenía en la cabeza, y del otro cuerno que le había salido y ante el cual habían caído tres de ellos. Este cuerno se veía más impresionante que los otros, pues tenía ojos y hablaba con insolencia. (Dn 7:19-20)

Hemos considerado los diez cuernos como una confederación de diez naciones que aparecerá con el resurgimiento del Imperio romano; ahora nos centramos en la identidad del otro cuerno. Esta es una persona con muchos nombres y muchos disfraces, el embaucador más inteligente que el mundo conocerá jamás. Hay mucha información sobre él en la Biblia, pero el capítulo 7 de Daniel prepara el terreno para que podamos entender los sucesos proféticos y el papel principal que tendrá este individuo.

¿QUIÉN ES EL ANTICRISTO?

Uno de los deportes bajo techo más populares entre los teólogos es tratar de identificar al anticristo, del que hablan Daniel y el apóstol Juan. Hay personas que me han invitado a almorzar y han tratado de explicarme la gematría, que es un método de interpretación de la Escritura en el que se equipara el nombre de una persona con números. Dado que al anticristo se le da el número 666 en Apocalipsis 13:18, hay una fórmula por la cual algunos tratan de equiparar los números con las letras y averiguar quién es la persona. Estas son las reglas que debes seguir si quieres que la fórmula funcione. Primero, si el nombre propio no funciona, añades un título. Segundo, si no funciona en inglés, pruebas con el hebreo, el griego y el latín. Tercero, si ninguno de estos funciona, entonces haces trampa en la ortografía. De esa manera puedes hacer que cualquiera sea el anticristo.

Antes de la Reforma protestante, la idea más aceptada era que el anticristo era el papa católico. En el siglo doce, San Bernardo llamó al papa Anacleto el anticristo. En el siglo trece, Federico II, emperador del Sacro Imperio romano germánico, acusó al papa Gregorio IX de ser el anticristo. No eran los protestantes los que hacían esta acusación, eran los católicos descontentos con el régimen papal que había en el poder en ese momento.

Además, no solo los católicos descontentos, sino también algunos de los más respetables eruditos y teólogos protestantes estaban convencidos de que el anticristo vivía en Roma disfrazado de papa. La lista es impresionante: Martín Lutero, líder de la Reforma protestante; Philipp Melanchthon, reformador alemán; Juan Calvino, reformador francés en Ginebra; Huldreich Zwingli, reformador suizo; William Tyndale, reformador inglés y traductor de la Biblia. Todos estos ilustres hombres y muchos más señalaron al papa como el culpable.

En la actualidad, la gente continúa jugando este juego. Desde Judas Iscariote hasta los líderes políticos de nuestros días, las especulaciones continúan.

No sé quién es el anticristo, pero sí sé lo que es. Desde los tiempos de Daniel y el reino babilónico hasta el fin del gobierno humano cuando Cristo Rey regrese, Dios nos da todo el esquema de las cosas por venir y las descripciones de este infame individuo.

SUS NOMBRES SON LEGIÓN

A medida que leemos la Escritura, encontramos muchos nombres para el anticristo y a menos que los conozcamos, es fácil confundirse. En el capítulo 7 de Daniel se le llama «el cuerno pequeño», que es una frase usada para describir el poder y la autoridad. En el capítulo 8 se le llama «un rey de rostro adusto» (v. 23), y en el capítulo 9 es «un futuro gobernante» (v. 26). Más adelante, Daniel dice que será el rey que hará lo que le venga en gana (11:36).

En el Nuevo Testamento se le llama «el hombre de maldad» (2 Ts 2:3), «el anticristo» (1 Jn 2:18) y «una bestia que subía del mar» (Ap 13:1, NTV). A la progenie de Satanás se le atribuyen muchos nombres y muchos disfraces.

En el sueño de Daniel comenzamos a ver su carácter mediante algunas descripciones. Es un líder carismático. No me refiero a su doctrina, sino a su cautivante manera de actuar. En la Reina-Valera Revisada 1960, en varias partes del capítulo 7 leemos que tiene «una boca que hablaba grandes cosas» (v. 8), «y boca que hablaba grandes cosas» (v. 20), y que «hablará palabras contra el Altísimo» (v. 25).

En el capítulo 13 de Apocalipsis, que es el estudio comparativo del capítulo 7 de Daniel, se afirma: «… se le dio boca que hablaba grandes cosas…» (v. 5, RVR1960). En realidad, un poco más adelante en el programa del anticristo, se erige una gran imagen que todo el mundo debe adorar. Esta imagen incluso habla. Algunas personas piensan que lo hace a través de la ventriloquia, algunos piensan que es una posesión demoníaca, pero sea lo que sea, este hombre tiene una poderosa oratoria.

No solo será un gran orador, también será extremadamente atractivo. El cuerno pequeño «… se veía más impresionante que los otros…» (Dn 7:20). Cuando este hombre entre en una habitación, captará la atención de todos. Tendrá un magnetismo sobrehumano que atraerá a la gente hacia él.

Los políticos no son muy respetados hoy en día, pero el anticristo será el político más importante de toda la historia, el diplomático más grande que jamás haya existido. El versículo 20 dice que «tenía ojos», y esa frase se refiere a su gran inteligencia y astucia. Será capaz de resolver los problemas del mundo con una sabiduría sobrehumana.

Daniel 7:20 dice que «... otro cuerno [...] había salido y ante el cual habían caído tres de ellos...». Esto significa que el anticristo llega y sustituye tres de las naciones mediante algún subterfugio político y de alguna manera maniobra hasta que se arroga el control de esas naciones. Su astucia se describe en Daniel 11:21, donde se afirma que «... recurriendo a artimañas, usurpará el trono». La versión Reina-Valera Revisada 1960 dice que esto lo logrará «con halagos». Puedes combinar todas las tonterías que has escuchado durante las campañas políticas, todas las promesas y los compromisos solemnes de los candidatos, el anticristo dominará a la perfección todas esas artimañas. Será capaz de convencer a la gente de cualquier cosa.

También es un líder sectario, alguien que se considera un hombre religioso. «Hablará en contra del Altísimo y oprimirá a sus santos; tratará de cambiar las festividades y también las leyes...» (Dn 7:25). Quiere sustituir a Dios y le pedirá a la gente que se postre y lo adore. Apocalipsis 13:8 expresa: «A la bestia la adorarán todos los habitantes de la tierra...». Incluso intentará cambiar las leyes morales y naturales del universo. Algunos piensan que incluso eliminará la semana de siete días, que es un período de tiempo ordenado por Dios. Incluso intentará cambiar el calendario y todas las festividades religiosas. Intentará eliminar todo lo que tiene que ver con el orden y las estructuras y reescribirá la forma en que el mundo debe funcionar. Eliminará todas las leyes morales para que nuestra sociedad, que tiene algunos valores, se vuelva completamente anárquica.

¿Cómo logrará un hombre así que suficiente gente lo siga para de ese modo poder gobernar el mundo? La Escritura afirma que será habilitado por Satanás para hacer grandes milagros, señales y maravillas. Creo que hará que personas se levanten de la tumba y curará enfermos de una manera que el mundo no ha visto desde que Jesús caminó sobre esta tierra. Si observamos la forma en que la gente acude a servicios de sanidad hoy en día, no será difícil entender cómo el anticristo conseguirá sus seguidores.

Cuando pensamos en cuál es el hombre más cruel de la historia reciente, nos vienen a la mente Hitler y Stalin. Pero la Escritura dice que al final de los tiempos el anticristo «... devorará a toda la tierra; ¡la aplastará y la pisoteará!» (Dn 7:23). Y «... a los santos del Altísimo quebrantará...» (Dn 7:25, RVR1960).

Las personas que sean salvos durante el período de la tribulación se convertirán en el blanco de este hombre, y su propósito será destruirlos. Debemos entender que las personas que nunca han escuchado el evangelio de Jesucristo pueden vivir en la tierra durante la tribulación, y muchas de ellas se convertirán en creyentes. Sin embargo, enfrentarán situaciones peligrosas; muchos serán martirizados por su fe. Puede que ocurra un lento y tortuoso quebrantamiento del pueblo de Dios. Puede que los desgaste a través de confiscaciones públicas, seguramente a través de restricciones económicas. No cabe duda de que matará de hambre a algunos de ellos.

EL VACÍO DE LIDERAZGO

En la actualidad suceden algunas cosas que hacen que el estudio del anticristo sea muy importante. El mundo está maduro para que aparezca un líder que se gane el respeto de la gente y logre que las masas lo sigan. La historia nos muestra cómo las condiciones económicas ayudaron a catapultar a un demagogo al poder.

Después de la Primera Guerra Mundial, el tesoro público alemán disponía de poco oro, el presupuesto estaba desequilibrado y la inflación aumentaba incontrolablemente. En 1919, el marco alemán valía 25 centavos de dólar. Cuatro años después su valor había disminuido tanto que se necesitaban cuatro billones de marcos para igualar el poder adquisitivo de un dólar. La clase media alemana perdió todos sus ahorros y se eliminaron todas las pensiones. La gente estaba dispuesta a escuchar a cualquiera que les ayudara a resolver su amargura. En Rusia, fue Lenin quien expresó: «La forma más segura de derrocar un orden social existente es la corrupción de la moneda».

¿Qué crees que pasaría si un líder brillante y milagroso apareciera en Estados Unidos y dijera: «Tengo la solución para todas las dificultades económicas de este país»? ¿Crees que nadie lo seguiría?

Aunque esta persona no haya aparecido aún, puede que viva hoy entre nosotros, y perfeccione sus habilidades para cuando llegue su momento. La Biblia dice que su espíritu ya está aquí. «Todo profeta que no reconoce a Jesús, no es de Dios sino del anticristo. Ustedes han oído que este viene; en efecto, ya está en el mundo» (1 Jn 4:3). Otra advertencia dice: «Queridos hijos, esta es la hora final, y así como ustedes oyeron que el anticristo vendría, muchos son los anticristos que han surgido ya» (1 Jn 2:18).

Lo que vemos hoy con los miembros de las sectas y del movimiento de la nueva era nos indica que Juan tenía razón. El espíritu del Anticristo está en todas partes del mundo, al igual que los falsos mesías.

Aunque en Daniel solo hay unas pocas referencias al anticristo, sus profecías son las precursoras del Libro de Apocalipsis, y Apocalipsis interpreta a Daniel. Juntos, ambos libros, dan una idea general de los eventos del futuro y le permiten a cualquier cristiano estudioso de la Biblia describir el curso de los acontecimientos en nuestros días. El capítulo 13 de Apocalipsis describe la estrategia de batalla del Anticristo.

EL REINO DEL TERROR

En Apocalipsis 13, la Escritura afirma que el anticristo es verdaderamente la obra maestra de Satanás. Es la esencia del deseo de Satanás hecha persona, todo lo que Satanás siempre anheló en su ministerio. No es de extrañar que sea una personalidad tan aterradora.

Así como Dios le dio a Daniel sus sueños proféticos, también le dio a Juan la visión de las cosas por venir. Separados por casi seis siglos, los dos hombres recibieron las mismas profecías.

Juan expresó: «... Entonces vi que del mar subía una bestia, la cual tenía diez cuernos y siete cabezas. En cada cuerno tenía una diadema, y en cada cabeza un nombre blasfemo contra Dios» (Ap 13:1). Sabemos que «mar» se refiere a las masas de personas. El anticristo comenzará su ministerio detrás del telón antes de ser finalmente llevado al centro del escenario. Los tiempos serán tumultuosos. Habrá confusión política y falta de liderazgo.

Juan lo ve con siete cabezas, y más tarde en su libro nos dice: «... Las siete cabezas son siete colinas sobre las que está sentada esa mujer» (Ap 17:9). La «mujer» es la ramera, la representante del falso sistema religioso del fin de los tiempos. Las siete cabezas son las siete colinas que identifican claramente a Roma, o a los reinos correspondientes del Sacro Imperio Romano Germánico.

Juan también nos dice: «La bestia parecía un leopardo, pero tenía patas como de oso y fauces como de león» (Ap 13:2). ¿Recuerdas los reinos consecutivos que Daniel describió? Babilonia era el león, el Imperio medo-persa el oso y Grecia el leopardo. En otras palabras, esta bestia combina la fuerza, la brutalidad y la rapidez de estos reinos. Será la unión de Nabucodonosor, Ciro, Alejandro y César con algo de Hitler, Mao y Stalin en una sola personalidad.

«Una de las cabezas de la bestia parecía haber sufrido una herida mortal, pero esa herida ya había sido sanada. El mundo entero, fascinado, iba tras la bestia» (Ap 13:3). Aquí Satanás recurre de nuevo a su vieja jugada de la imitación. Así como Jesucristo fue crucificado, murió, fue enterrado y resucitó, de igual modo Satanás hace con su descendencia. Así como la resurrección de Cristo hizo que la iglesia creciera con una extraordinaria renovación espiritual, también la resurrección del anticristo hará que el mundo lo siga.

Ahora todos adorarán al Anticristo. Aquellos cuyos nombres han sido escritos en el libro de la vida, el libro del Cordero, serán la notable excepción. Rechazarán su marca y desafiarán sus órdenes. Qué increíbles hazañas de valentía se realizarán durante la tribulación. No tenemos idea de los horrores que los creyentes soportarán.

Las masas seguirán al anticristo, no solo por su carismática personalidad y su milagrosa resurrección luego de una herida mortal en la cabeza, sino también por sus grandes hazañas militares. Una vez que haya unido a tres naciones de la confederación europea y tenga el control de ellas, dominará a las naciones europeas restantes. La Escritura afirma que entonces hará algo muy inteligente. Se dará cuenta de que los judíos son un problema y que necesita pactar con ellos. Así que irá a Israel y hará un pacto con el pueblo judío. Se comprometerá a permitirles continuar con su adoración y sus prácticas en el templo, pero después de tres años y medio romperá su promesa (por supuesto) y entrará en el templo y lo profanará. Entonces implementará un programa, en tres direcciones, con el que tratará de lograr el control absoluto del mundo.

Su control será religioso, político y económico. Tendrá a todos bajo su mando, excepto a los que están escritos en el libro de la vida.

El apóstol Juan nos alerta cuando escribe: «El que tenga oídos, que oiga». ¡Siéntate y toma nota! «… El que deba morir a espada, a filo de espada morirá. ¡En esto consisten la perseverancia y la fidelidad de los santos!» (Ap 13:9-10).

Aunque el reinado del anticristo es mundial y su dominio no tiene igual, ¡el fin está a la vista! La Biblia dice que el anticristo y sus seguidores irán a la guerra contra Jesucristo y sus seguidores, y Cristo será el vencedor.

> Entonces vi a la bestia y a los reyes de la tierra con sus ejércitos, reunidos para hacer guerra contra el jinete de aquel caballo y contra su ejército. Pero la bestia fue capturada junto con el falso

profeta. Este es el que hacía señales milagrosas en presencia de ella, con las cuales engañaba a los que habían recibido la marca de la bestia y adoraban su imagen. Los dos fueron arrojados vivos al lago de fuego y azufre. (Ap 19:19-20)

Me emociono al estudiar esto, porque estoy en el bando ganador. Sé todo sobre la pelea, y estoy seguro de quién es el vencedor. He unido mi destino al Rey de reyes.

NUESTRA ESTRATEGIA

La estrategia del cristiano no es buscar al anticristo, sino saber al menos cuáles son sus planes. No lo busco en mi entorno ni trato de adivinar quién es ni dónde está. Puede que esté vivo hoy, y puede estar pavoneándose en el escenario de la política en este momento, pero especular sobre su identidad no encaja en ninguna de las dos cosas que Dios nos dijo que hiciéramos en espera de la venida de Cristo. Lo primero es trabajar: «Inviertan esto por mí mientras estoy de viaje» (Lc 19:13, NTV). Hubo una época, particularmente en la década de 1970, en la que mucha gente pensaba que era inútil trabajar duro, comprar un seguro de vida y hacer planes para el futuro, porque pensaban que Cristo iba a volver pronto. Esto no es lo que Él nos dijo. Dijo que trabajáramos hasta que regresara.

Lo segundo es estar alertas: «Manténganse despiertos porque no saben ni el día ni la hora» (Mt 25:13). Así que nuestra tarea, en vista de que esperamos a Cristo, es trabajar y estar alertas. Todo lo que sucede y que indica que el anticristo está próximo a aparecer, me ayuda a centrar mi atención en la venida de Cristo.

PARTE 3

EL FUTURO DE ISRAEL

13

LAS SUPERPOTENCIAS EN CONFLICTO

Cuando Daniel entró en el salón donde Belsasar y sus compin-ches celebraban aquella infame y fatal fiesta, sabía por qué el fin de estos individuos era inminente. La escritura en la pared decía que el reino sería dividido y entregado a los medos y a los persas. ¿Pero cómo estaba tan seguro?

En el capítulo 8, Dios le comunica a Daniel la información que necesita saber cuando entre en la escena de la fiesta en Babilonia. Esta visión ocurrió durante el tercer año del reinado de Belsasar, cuando Daniel tenía unos sesenta años. Dios envió al ángel Gabriel para que le explicara a grandes rasgos a Su siervo Daniel la historia gentil en relación con el pueblo de Israel.

La primera parte épica de Daniel nos da una visión de la historia gentil aparte de Israel, pero Israel y su pueblo se convierten aquí en el centro de atención. Dios decidió dedicar un capítulo especial de Su libro a detalles sobre los medos, los persas y los griegos porque estas naciones eran vitales para la historia de Israel y la vida de los judíos.

El idioma incluso cambia en el capítulo 8. Se produce un cambio del arameo al hebreo. Aquí Dios muestra de manera única cómo va a tratar con Su pueblo. La tierra de Israel ha sido el centro neurálgico del mundo desde los tiempos de Abraham. Cuando Jesucristo vino a la tierra, Israel se convirtió en el centro de la verdad del mundo. Se acerca un día en el futuro (el milenio) en el que esa tierra será el centro de la paz del mundo. Hoy, ese pequeño pedazo de tierra en el Cercano Oriente es el centro de la tormenta mundial.

ASOMBRO SAGRADO

¿Cómo puede un hombre como Daniel sorprenderse de algo? Es interesante notar su reacción a la revelación de Dios: «En el año tercero del reinado del rey Belsasar me apareció una visión *a mí, Daniel*…» (8:1, RVR1960, énfasis añadido). Luego expresó: «Mientras *yo, Daniel*, contemplaba la visión y trataba de entenderla…» (8:15, énfasis añadido). Cuando la visión terminó y Daniel comenzó a entender lo que implicaba, quedó agotado emocionalmente. «Yo, Daniel, quedé exhausto, y durante varios días guardé cama» (Dn 8:27).

Si leemos la Biblia con una actitud apática y deprisa, para poder decir que la hemos leído de principio a fin, probablemente no entenderemos lo impresionado que estaba Daniel. Pero imagina cómo te sentirías si Dios te hablara en una visión y te dijera lo que va a suceder en Estados Unidos en los años venideros. No creo que Dios use hoy las visiones para revelar el futuro, pero si lo hiciera, estoy seguro de que yo también guardaría cama durante varios días.

En su visión, Daniel fue transportado a Susa, una pequeña y poco interesante ciudad de Babilonia. Se vio a sí mismo en la ciudadela junto a un río. ¿Por qué motivo el hombre de Dios en Babilonia estaría en un lugar de la periferia, a orillas de un río sin importancia? Esta ciudad no hubiera sido un lugar significativo en un mapa, pero iba a ser el centro neurálgico del próximo reino. Babilonia era una estrella fugaz, y el Imperio persa estaba a punto de surgir.

En el Antiguo Testamento, los Libros de Nehemías y Ester hablan de Susa. Nehemías expresó: «... En el mes de *quisleu* del año veinte, estando yo en la ciudadela de Susa» (Neh 1:1). Y en Ester, el rey Asuero reinó desde su trono real en la ciudadela de Susa (Est 1:2). Vemos otro importante eslabón en la profecía cuando entendemos que mucho antes de que surgiera el Imperio persa, antes de que cayera Babilonia, Daniel se vio a sí mismo en la capital del reino persa. Dios no deja cabos sueltos en Su secuencia de profecías.

EL CARNERO

Mientas Daniel se encontraba junto al río, dijo:

> Me fijé, y vi ante mí un carnero con sus dos cuernos. Estaba junto al río, y tenía cuernos largos. Uno de ellos era más largo, y le había salido después. Me quedé observando cómo el carnero atacaba hacia oeste, hacia el norte y hacia el sur. Ningún animal podía hacerle frente, ni había tampoco quien pudiera librarse de su poder. El carnero hacía lo que quería, y cada vez cobraba más fuerza. (Dn 8:3-4)

No necesitamos una enciclopedia para saber quién es este carnero, porque en el versículo 20 se nos dice que el carnero con los dos cuernos representa a los reyes de Media y de Persia. Cuando la caída del reino babilónico, los medos intervinieron primero y luego se les unieron los persas. Pronto dejamos de oír sobre los medos, pues los persas asimilaron todo el reino medo, tal y como afirma la profecía.

Ciro el Persa y su hijo, Cambises II, construyeron el imperio más grande que el mundo había visto hasta ese momento. Se extendió en todas direcciones, y ningún otro reino podía hacerle frente.

APARECE EL MACHO CABRÍO

Daniel continuó:

> Mientras reflexionaba yo al respecto, de pronto surgió del oeste
> un macho cabrío, con un cuerno enorme entre los ojos, y cruzó
> toda la tierra sin tocar siquiera el suelo. Se lanzó contra el car-
> nero que yo había visto junto al río, y lo atacó furiosamente. Yo
> vi cómo lo golpeó y le rompió los dos cuernos. El carnero no
> pudo hacerle frente, pues el macho cabrío lo derribó y lo piso-
> teó. Nadie pudo librar al carnero del poder del macho cabrío.
> (Dn 8:5-7)

Este es uno de los pasajes más sorprendentes que he leído en la
palabra profética. Primero, no es difícil identificar al macho cabrío.
El Imperio griego de Alejandro Magno siguió al medo-persa. La
primera colonia griega se estableció mediante un oráculo que envió
una cabra como guía para construir una ciudad. La cabra llegó a
la región de Grecia, y en gratitud a la cabra que los guio en la dirección correcta llamaron a la ciudad Egas, que significa «la ciudad
de la cabra». El nombre del mar sobre cuyas costas se construyó la
ciudad se llamó mar Egeo, o el «mar de las cabras».

En este pasaje se expresan cinco asombrosas profecías que se
cumplieron hasta el más mínimo detalle. Primero, como acabamos
de analizar, el macho cabrío representa a Grecia, y el gran cuerno
entre sus ojos simboliza el primer rey. Cuando el macho cabrío comenzó a expandir sus posesiones y a cubrir toda la tierra, se movía
tan rápidamente que sus patas parecían no tocar el suelo. Conquistó
todo el mundo conocido con una rapidez insólita. La historia nos
dice que Grecia construyó un imperio nunca antes visto. En doce
breves años, los griegos conquistaron todo el mundo civilizado sin
perder una batalla. Grecia se convirtió en la fuerza dominante del

mundo más rápidamente que cualquier otro reino anterior, y Dios había dicho que así sucedería unos doscientos años antes.

La segunda profecía asombrosa tiene que ver con la reputación del rey. Se lo llama «un cuerno notable» o «un cuerno enorme». ¡Qué manera de describir a un hombre como Alejandro Magno! Mientras crecía, su madre le enseñó que era descendiente de Aquiles y Hércules. No me extraña que el chico estuviera motivado. Cuando pequeño había un caballo que todos en su familia habían intentado domar, pero nadie lo había logrado. Alejandro exclamó: «¡Yo lo domaré!» Y lo hizo. Según los historiadores, ese fue el caballo que montó en todas las grandes campañas al frente de los griegos en su conquista del mundo.

Su padre, Filipo de Macedonia, fue un gran guerrero, y se dice que Alejandro tenía la gran preocupación de que no quedara nada por conquistar, pues su padre era un gran jefe militar. Después de obtener una victoria especialmente importante, Filipo llamó a su hijo y le dijo: «Alejandro, hijo mío, busca un reino digno de ti. Macedonia es demasiado pequeña para ti». Qué padre tan alentador. Le decía: «Hijo, eres más grande que yo. ¡Ve por algo grande!». Y Alejandro pensó: *Conquistaré el mundo*.

Me pregunto cuánto de su éxito se debió a la fe en sí mismo que sus padres le inculcaron. Los niños necesitan saber que creemos que pueden hacer grandes cosas, cosas mejores que las que hicimos o tratamos de hacer. Filipo de Macedonia no era cristiano, pero sabía cómo inspirar a su hijo.

La tercera profecía tiene que ver con la caída del Imperio medo-persa. Dios le dijo a Daniel que cuando este cuerno enorme, este gran rey, llegara al poder, se lanzaría contra los persas y los medos. «Yo vi cómo lo golpeó y le rompió los dos cuernos. El carnero no pudo hacerle frente, pues el macho cabrío lo derribó y lo pisoteó. Nadie pudo librar al carnero del poder del macho cabrío» (Dn 8:7).

Cuando Alejandro decidió enfrentarse a los medos y a los persas, vino con treinta y cinco mil soldados desde el oeste, cruzó el Helesponto y derrotó al ejército persa. Se dirigió al sur y tomó Egipto, Tiro y Gaza, y luego volvió sobre sus pasos a través de Siria y se enfrentó por tercera vez con un ejército persa aún mayor. Entonces hizo lo que dice la Escritura. Los arrojó al suelo, los pisoteó y el Imperio medo-persa fue aniquilado, tal como se predijo.

La cuarta profecía sorprendente en este pasaje tiene que ver con la muerte del rey. La Escritura afirma: «El macho cabrío cobró gran fuerza, pero en el momento de su mayor grandeza se le rompió el cuerno más largo, y en su lugar brotaron cuatro grandes cuernos que se alzaron contra los cuatro vientos del cielo» (Dn 8:8).

Después de conquistar a los medo-persas, Alejandro se dirigió a la India, pero su cansado ejército no aguantaba más y regresó a Babilonia. Alejandro murió allí a la edad de treinta y tres años, víctima de su embriaguez y la depresión, porque no había más mundos por conquistar.

Doscientos años antes de que Alejandro muriera, Dios describió detalladamente cómo se iba a escribir la historia. Se ha dicho que cuando Alejandro iba camino a Jerusalén para conquistar esa ciudad, uno de los sacerdotes judíos le dio un ejemplar del Libro de Daniel y le dijo: «Tiene que leerlo. ¡Usted aparece aquí!». Alejandro leyó la profecía, y se cuenta que se arrodilló y adoró. Sin embargo, no se salvó de una muerte prematura, tal como se predijo.

Mientras Alejandro conquistaba todo el mundo civilizado, pensaba que hacía su voluntad. Creía que todos sus logros eran producto de su propio genio, pero solo cumplía con la profecía que Dios había dado. Por muy grande que fuera, no era más que una herramienta, un instrumento de Dios. Aunque no se dio cuenta, Alejandro logró ciertas hazañas que Dios le había enviado a hacer. Estos logros debían alcanzarse antes de que Jesucristo viniera.

Cuando Alejandro conquistó todos estos reinos, le preocupaba la existencia de diferentes idiomas y culturas. Entonces decidió helenizar el mundo, es decir, unificarlo bajo la cultura griega. En consecuencia, estableció el idioma griego que conocemos hoy como griego koiné. Enseñó este idioma y la cultura griega a todos los pueblos que había conquistado, para que entendieran cómo debían vivir. Probablemente no sabía que preparaba el camino para que la Escritura se escribiera en griego. (Esta es la razón por la que muchos seminarios enseñan griego, para que los que estamos en el ministerio podamos interpretar con más precisión el significado de la Escritura).

Luego se preocupó por las vías de acceso a las diferentes regiones de su gran imperio, así que construyó vastas carreteras y caminos en todos los territorios sobre los que tenía control. Cuando se retiró de la escena a la edad de treinta y tres años, se habían construido los caminos por los que viajarían los misioneros y se había establecido el idioma en el que se podría escribir y predicar el evangelio.

Alejandro nunca supo que estaba siendo utilizado para preparar al mundo para la venida de Jesucristo y la difusión del evangelio. ¡Pensó que estaba haciendo su propia voluntad!

La última parte de esta profecía tiene que ver con cuatro cuernos que sustituirían al gran cuerno, pero que no tendrían el mismo poder. Cuando Alejandro murió, su reino se dividió, y la historia nos dice que cuatro de sus generales cumplieron literalmente esa profecía. Cada uno formó un reino independiente en los territorios del imperio que Alejandro había creado. De uno de esos reinos surgió un gobernante que superó a todos los demás en crueldad y odio hacia los judíos y su religión.

A Daniel se le dio una visión histórica de este hombre malvado, pero esta profecía tiene un doble cumplimiento. Una parte se cumplió en un hombre que nació 175 años antes de Cristo, y la segunda parte se cumplirá en el futuro. Una y otra vez vemos que podemos confiar en la Biblia para nuestro futuro, ya que es completamente fiable en sus predicciones del pasado.

PRESAGIOS DEL ÚLTIMO GOBERNANTE GENTIL

Alejandro Magno tenía algunas cualidades que podríamos admirar. Cuando vemos a través de Daniel el triste fracaso de Alejandro en el clímax de su carrera, deberíamos reflexionar sobre los conquistadores en la historia. La caída de Alejandro se debió al agotador compromiso que asumió con su causa. La brillantez de su éxito provocó su temprana muerte. A menudo es cierto que con la fortuna de los individuos y las sociedades, se gana la batalla, pero se pierde la guerra.

Cuando terminaron las luchas internas y el imperio de Alejandro se dividió, del reino seléucida salió un hombre, insignificante al principio, que luego se convirtió en el gobernante más diabólico de su época.

> De uno de ellos salió otro cuerno, pequeño al principio, que extendió su poder hacia el sur y hacia el este, y también hacia nuestra hermosa tierra. Creció hasta alcanzar al ejército de los cielos, derribó algunas estrellas y las pisoteó, y aun llegó a sentirse más importante que el jefe del ejército de los cielos. Por causa de él se eliminó el sacrificio diario y se profanó el santuario. Por la rebeldía de nuestro pueblo, su ejército echó por tierra la verdad y quitó el sacrificio diario. En fin, ese cuerno hizo y deshizo. (Dn 8:9-12)

Puede que nunca hayas oído hablar de este hombre en tus cursos de historia antigua en la escuela, pero esta profecía se cumplió con un individuo llamado Antíoco Epífanes. Su nombre significa «Antíoco, Dios manifiesto». La arrogancia diabólica lo caracterizaba. Después de intentar conquistar el mundo y ser detenido por los ejércitos romanos, volvió su furia contra Jerusalén y saqueó la ciudad. Mató a unos ochenta mil judíos y vendió otros cuarenta mil como esclavos.

Pero una cosa era matar a los judíos, y otra muy diferente destruir su fe. Antíoco decidió sustituir la religión judía con la religión y la cultura griegas. En lugar de la fiesta judía de los Tabernáculos, trajo al templo las bacanales, en las que se adoraba a Baco, el dios del placer y el vino. Prohibió la observancia del día de reposo y la lectura de la Escritura, incluso quemó todos los ejemplares de la Torá que pudo encontrar. A los judíos de la ciudad se les prohibió practicar cualquier tradición judía bajo pena de muerte.

Un general griego, bajo la dirección de Antíoco, organizó unos juegos en los alrededores del templo. Eso no parece tan grave, pero todas las personas que participaron estaban desnudas, incluso los sacerdotes judíos y todos los que formaban parte del culto judío. Fue una humillación extrema.

A los judíos se les prohibió la práctica de la circuncisión. La historia recoge que hubo dos madres que por su profundo compromiso con su cultura estaban decididas a circuncidar a sus hijos varones. Cuando Antíoco se enteró, tomó a los bebés y los mató, luego los colgó alrededor del cuello de cada madre y llevó a las mujeres por las calles de Jerusalén hasta el muro más alto, desde allí las arrojó al vacío. Se cuenta otra historia de una madre que tenía siete hijos que desafiaron la ley de Antíoco. Este ordenó cortarles la lengua a los chicos delante de su madre y luego los asó hasta morir en una plancha de metal, uno a uno. Después ordenó matar a la madre. No es de extrañar que los judíos odiaran a este gobernante griego y le cambiaran su nombre por el de Antíoco Epímanes, que significa «Antíoco, el Loco».

Cuando la Biblia habla de la profanación del templo, es una referencia al momento en que Antíoco entró en el lugar sagrado de los judíos con un cerdo y le cortó la garganta, como un sacrificio en el altar del pueblo judío. Luego tomó la sangre de ese animal y la roció por todo el interior del templo. La Biblia habla de eso como la abominación desoladora. No había nada más horrible para los judíos que la profanación de su lugar sagrado con la sangre de un animal impuro.

Creo que Daniel visualizó todo esto con más claridad de lo que yo podría expresar. Vio lo que le sucedería a su pueblo en un momento futuro cuando viniera Antíoco el Loco a gobernar y a profanar su tierra.

No es agradable leer sobre esta maldad suprema, pero imagina lo que sería ver estos hechos en una visión, como le ocurrió a Daniel. Mientras veía este horror, escuchó una voz. «Escuché entonces que uno de los santos hablaba, y que otro le preguntaba: "¿Cuánto más va a durar esta visión del sacrificio diario, de la rebeldía desoladora, de la entrega del santuario y de la humillación del ejército?"» (Dn 8:13).

Si fueras un patriarca judío y tuvieras una visión sobre la desolación que acabamos de describir, no te preguntarías: «¿Cuánto tiempo puede Dios dejar que esto continúe?». La respuesta se dio y se cumplió históricamente, ya que transcurrieron aproximadamente dos mil trescientos días desde el momento en que la religión judía fue perseguida por Antíoco hasta el momento de su muerte. Dios le dijo a Daniel a través de su visión que los días estaban contados.

Dios usó a un hombre para destruir a Antíoco. Esta historia no aparece en la Biblia, pero es una de mis favoritas, pues explica el origen de una celebración especial de los judíos que se mantiene hasta el día de hoy.

JUDAS EL MARTILLO

En aquellos días de terrible persecución, había un sacerdote, Matatías, que vivía en un pueblo a las afueras de Jerusalén. Era un gran patriarca y estaba afligido por el dolor de su pueblo. Un día un emisario de Antíoco vino al lugar donde vivía Matatías y anunció: «Se les ordena inclinarse ante el altar de Júpiter, nuestro dios griego». Matatías estaba tan indignado que cuando un judío vino a adorar a Júpiter lo mató y luego dio muerte al oficial que había dado la orden. Este fue el comienzo de la revuelta de los macabeos.

El viejo sacerdote murió, pero pasó la antorcha de la libertad y la revolución a Judas Macabeo, su hijo, que era conocido como Judas el Martillo. Logró la victoria sobre Antíoco y obtuvo la independencia para su pueblo. Cuando Judas regresó para limpiar el templo en el año 144 A. C., lo primero que hizo fue a buscar aceite para encender las lámparas. Según la tradición, la ceremonia para volver a consagrar el templo debía durar ocho días, pero cuando encontró solo una vasija de aceite, comprendió que no tendría suficiente para todo ese tiempo. Sin embargo, según la historia, esa pequeña cantidad de aceite duró los ocho días completos. Hasta el día de hoy el pueblo judío celebra la fiesta de la reconstrucción y la dedicación de su templo. La llaman la festividad de la Janucá, y se celebra durante nuestra temporada de Navidad. El primer día de la Janucá, los judíos devotos encienden una vela, el segundo día encienden otra, y así sucesivamente hasta que al cabo de ocho días hay ocho velas encendidas. Es una señal de victoria y liberación, que se remonta a este período de la historia en el Libro de Daniel.

Escuché un relato sobre un perseguidor de los judíos en un país que en aquel momento estaba detrás del telón de acero. Le preguntó a uno de los judíos que habían sido torturados:

—¿Qué crees que les pasará a ti y a tu gente si continuamos persiguiéndolos?

—Ah, el resultado será una fiesta —respondió el judío—. El faraón trató de destruirnos, y el resultado fue la Pascua. Amán intentó destruirnos, y el resultado fue la fiesta de Purim. Antíoco

Epífanes trató de destruirnos, y el resultado fue la festividad de la Janucá. Solo trata de destruirnos, y daremos inicio a otra fiesta.

Dios ha demostrado, a lo largo de la historia, el lugar especial que el pueblo judío tiene en Su corazón.

Hemos visto amplios segmentos de la historia, desde el liderazgo de Alejandro, que nos muestra el poder del anticristo venidero, hasta el vil Antíoco, que personifica su crueldad. Toda esta información profética apunta al anticristo. Cuando tomas el poder de Alejandro, le añades la crueldad de Antíoco y el resultado lo multiplicas por cien, todavía no hemos empezado a acercarnos a cómo será el anticristo cuando venga.

MAESTRO DE LA INTRIGA

Tan cierto como que las profecías sobre Alejandro y Antíoco Epífanes se hicieron realidad, así también la profecía sobre «un rey de rostro adusto, maestro de la intriga» se cumplirá. Es interesante que las características de estos dos hombres aparezcan resumidas en lo que sabemos sobre el anticristo.

> Hacia el final de esos reinos, cuando los rebeldes lleguen al colmo de su maldad, surgirá un rey de rostro adusto, maestro de la intriga, que llegará a tener mucho poder, pero no por sí mismo. Ese rey causará impresionantes destrozos y saldrá airoso en todo lo que emprenda. Destruirá a los poderosos y al pueblo santo. Con su astucia propagará el engaño, creyéndose un ser superior. Destruirá a mucha gente que creía estar segura, y se enfrentará al Príncipe de los príncipes, pero será destruido sin intervención humana. (Dn 8:23-25)

Este hombre tendrá un aspecto muy impresionante. La gente parece simpatizar con las personas atractivas, que llaman la atención. No será un individuo que pueda desaparecer en una multitud.

Observa el momento en que llegará. Lo hará cuando la corrupción esté en su punto más alto, cuando se levanten todas las restricciones, y parezca que todo va aceleradamente en dirección al mal. La sociedad se habrá desintegrado hasta el punto de que ya nada será sagrado; no habrá restricciones. Entonces hará su entrada en nuestro mundo y tendrá todas las respuestas correctas. He afirmado que si alguien hoy pudiera ofrecer las soluciones a nuestros problemas económicos, el mundo haría cualquier cosa con tal de lograr la prosperidad.

Este líder dinámico, con la capacidad mental de resolver los problemas de su época, sin duda se dedicará al ocultismo, ya que la Escritura afirma que «con su astucia propagará el engaño».

Su destructividad será tan universal que el mundo se tambaleará bajo su poder. Antíoco hizo lo mismo, pero su crueldad es un juego de niños comparada con la del anticristo. Todo lo que sé sobre Antíoco Epífanes me hace estremecer, pero cuando pienso en lo que será el anticristo, no puedo imaginar la magnitud de su depravación.

Este hombre de maldad se describe en 2 Tesalonicenses 2:4: «Este se opone y se levanta contra todo lo que lleva el nombre de Dios o es objeto de adoración, hasta el punto de adueñarse del templo de Dios y pretender ser Dios».

Durante su reinado, Antíoco hizo acuñar monedas con cuatro palabras impresas: *Theos Antiochus Theos Epifanes*. Lo que significa: «Antíoco el Grande, Dios manifiesto». Afirmaba ser Dios, como hará el anticristo cuando venga.

El anticristo disfrazará su crueldad con promesas de paz, y cuando la gente se sienta segura, desatará su poderosa destrucción. En el capítulo siguiente veremos cómo se llevará a cabo esta traición.

Sin embargo, tendrá un final ardiente, no en la silla eléctrica ni en la cámara de gas, ni a través de algún otro medio humano. Incluso en esto, Antíoco parece ser un precursor del anticristo. Avanzó mucho en su purga atea, hasta que finalmente los judíos se rebelaron. Echaron la imagen de Júpiter del templo, donde Antíoco la había colocado. Esto lo hizo enojar tanto que afirmó que Jerusalén se convertiría en la tumba de todos los judíos. Tan pronto como hizo esta declaración, se vio afectado por una enfermedad incurable. Su sufrimiento fue terrible y el hedor de su propio cuerpo tan grande que él mismo no podía soportarlo. Murió sumido en una gran aflicción, fue un tonto que pensó que podía oponer resistencia a Dios y salir adelante. Fue derribado sobrenaturalmente, sin intervención humana.

¿Cómo se aplica esto al anticristo? ¿Cómo terminará? Un día el Rey Jesús vendrá de la gloria y entrará en combate con ese hombre malvado que será arrojado al infierno, no por el poder humano, sino sobrenaturalmente.

LA REACCIÓN DE DANIEL Y NUESTRA RESPUESTA

Nuestro amigo Daniel tuvo esta asombrosa visita del ángel Gabriel después de la cual enfermó. Respecto a la visión se le dijo: «No la hagas pública», por lo que debía preservarla para que pudiera ser comunicada más adelante. Siguió esta orden, y la visión ha llegado a todas las generaciones de cristianos que creen en la Biblia. Sin embargo, cuando vio a su pueblo bajo la persecución de estos tiranos y se dio cuenta de que muchos serían asesinados, entristeció profundamente. Quedó abrumado, estuvo enfermo y se puso sentimental.

Si realmente comprendemos que Daniel fue un hombre que vio una pequeña parte del plan de Dios para el futuro y esto lo dejó exhausto, ¿cómo respondemos nosotros? Dios nos ha mostrado todo el plan para el mundo, y muchos de nosotros permanecemos sentados en nuestra zona de bienestar con desgana de la Biblia. Creo que Dios desea que nos tomemos en serio este Libro. Cuando leemos sobre el hombre de pecado venidero, aquel que va a gobernar el mundo y destruir a los que se han quedado atrás, deberíamos sentirnos en la obligación de contarles a los que nos rodean las profecías exactas de la Palabra de Dios. La Palabra profética de Dios debería motivarnos a ver nuestro planeta como un mundo perdido. Y ese mundo perdido está cayendo en el regazo de Satanás, una persona tras otra, porque a los cristianos no les importa. Si realmente creyéramos lo que Daniel tiene que decirnos, eso cambiaría nuestra vida.

DE RODILLAS

Por tercer día consecutivo, el periódico de la mañana trae la noticia de un niño que fue baleado, un hecho sin sentido. En el mostrador del mercado, los periódicos sensacionalistas anuncian con grandes titulares otra aventura sexual de una celebridad. Las noticias deprimentes nunca se detienen. No es de extrañar que la depresión nos afecte. Pero entonces, en lugar de orar, lo que hacemos es preocuparnos.

Durante el reinado de Darío el Medo en Babilonia, Daniel fue primer ministro del país. Tenía ochenta y tantos años, y su larga vida y la importante posición que ocupaba deberían haberle permitido vivir sin preocupaciones. Podía haber cobrado su seguridad social, haberse envuelto en un chal persa y haber pasado sus últimos días en una mecedora. Pero en lugar de eso estudiaba los libros, aquellos rollos que los cautivos habían tenido el cuidado de traer de Israel. Mientras estudiaba el Libro de Jeremías, comprendió que el exilio casi había terminado. Esta profecía lo hizo arrodillarse y buscar a través de la oración una relación más cercana con su Dios.

Con los libros abiertos ante él, podía tener con Dios la misma intimidad que había experimentado muchas décadas antes en el templo.

El capítulo 9 de Daniel está entre los más importantes de la Biblia. Desde el punto de vista espiritual, tiene una de las más grandes oraciones del Antiguo Testamento; en cuanto a la profecía, contiene el esquema más completo del fin de los tiempos.

La oración es una muestra de cómo debe ser la oración. Es una obra maestra que debemos admirar, un gran ejemplo de los principios a seguir.

LA MOTIVACIÓN DE DANIEL, Y NUESTRA IMITACIÓN

Cuando Daniel fue llevado cautivo con el resto de los judíos, no tenía una copia de la Biblia como la que tenemos hoy. Tenía algunas partes del Antiguo Testamento, entre ellas los escritos de Jeremías. Este hombre vivió en la época anterior al cautiverio del pueblo de Judá. Fue el último profeta que llamó a los judíos a arrepentirse antes de que el juicio de Dios cayera sobre ellos. Creo que cuando Daniel tenía ochenta y cinco u ochenta y seis años, utilizaba el libro de Jeremías en sus oraciones personales y algo le llamó la atención y lo motivó a elevar esta gran oración.

> Corría el primer año del reinado de Darío [...] cuando yo, Daniel, logré entender ese pasaje de las Escrituras donde el SEÑOR le comunicó al profeta Jeremías que la desolación de Jerusalén duraría setenta años. Entonces me puse a orar y a dirigir mis súplicas al SEÑOR mi Dios. Además de orar, ayuné y me vestí de luto y me senté sobre cenizas. (Dn 9:1-3)

No estábamos allí para mirar por encima del hombro de Daniel, pero sé que estas deben haber sido algunas de las palabras que leyó:

»Por eso, así dice el Señor Todopoderoso: "Por cuanto no han obedecido mis palabras, yo haré que vengan todos los pueblos del norte, y también mi siervo Nabucodonosor, rey de Babilonia. Los traeré contra este país, contra sus habitantes y contra todas las naciones vecinas, y los destruiré por completo: ¡los convertiré en objeto de horror, de burla y de eterna desolación! —afirma el Señor—. Haré que desaparezcan entre ellos los gritos de gozo y alegría, los cantos de bodas, el ruido del molino y la luz de la lámpara. Todo este país quedará reducido a horror y desolación, y estas naciones servirán al rey de Babilonia durante setenta años". (Jer 25:8-11)

Daniel había vivido casi setenta años de cautiverio. Le dolía profundamente ver cómo su pueblo ya no cantaba, cómo había colgado sus arpas en los álamos y anhelaba poder volver a Jerusalén. Presenció cómo el cautiverio le robaba la vida a la cultura y a la historia judías. Pero esa no fue la parte de la profecía que le llamó la atención. Sus ojos, todavía agudos a pesar de sus años, deben haber leído atentamente cada palabra en el rollo hasta que llegaron a este pasaje:

Así dice el Señor: «Cuando a Babilonia se le hayan cumplido los setenta años, yo los visitaré; y haré honor a mi promesa en favor de ustedes, y los haré volver a este lugar. Porque yo sé muy bien los planes que tengo para ustedes —afirma el Señor—, planes de bienestar y no de calamidad, a fin de darles un futuro y una esperanza». (Jer 29:10-11)

Daniel debe haberse sentido muy impresionado al leer esa profecía pues comprendió que se acercaba el momento del regreso de su pueblo a Jerusalén. Probablemente no estaba seguro de si los setenta años se calculaban a partir de la primera deportación, o a partir de la segunda o la tercera. Daniel y sus amigos fueron llevados en la primera fase, así que mientras oraba, trataba de imaginar cuándo se cumplirían esos setenta años. Pero algo era cierto. ¡Se acercaba el día! Se acercaba el momento en el que Dios llevaría a los judíos de vuelta a su tierra. Cuando Daniel leyó esa profecía, se impresionó tanto que cayó de rodillas y comenzó a orar.

Cuando realmente entendemos la profecía, ¿no debería tener ese efecto en nosotros? Sin embargo, a menudo participamos en estudios sobre el tema, asistimos a conferencias y leemos libros para comparar puntos de vista. Estamos tan ocupados en el ejercicio de entender la verdad profética que no entendemos nada. Esa verdad debería ponernos de rodillas, como le ocurrió a Daniel. He aquí un hombre tan profundamente comprometido con la verdad de Dios, que cuando leyó lo que Dios tenía que decir, no pudo permanecer igual. Su oración estaba motivada por la Palabra de Dios.

Hay jóvenes que me han preguntado: «¿Pastor Jeremiah, cuando estoy en mi tiempo devocional, ¿qué debo hacer primero? ¿Debo orar y luego leer la Biblia, o debo leer la Biblia primero y luego orar?». Creo que siempre es apropiado, antes de abrir la Escritura, pedir brevemente la bendición de Dios y la comprensión del texto. Pero si entiendo la prioridad de la Escritura, la oración nace de la Palabra de Dios.

UN EXTRAÑO Y PODEROSO PRINCIPIO EN LA ORACIÓN

Cuando Daniel leyó en el Libro de Jeremías que Dios iba a mantener a Su pueblo en cautiverio durante setenta años y luego lo liberaría, lo creyó. Entonces ocurrió algo muy extraño. Comenzó a orar para que Dios hiciera lo que iba a hacer. Pero si Dios va a hacerlo, ¿por qué deberíamos orar? Aquí descubrimos uno de los más importantes principios respecto a la oración.

Dios conoce Su plan, e incluso cuando nos lo revela, espera que oremos por él. La Biblia afirma: «… si pedimos conforme a su voluntad, él nos oye. Y si sabemos que Dios oye todas nuestras oraciones, podemos estar seguros de que ya tenemos lo que le hemos pedido (1 Jn 5:14-15).

A veces tengo la impresión de que he entendido mal el significado de la oración. La oración no es para hacer que Dios cambie Su voluntad. Si realmente creemos que la voluntad de Dios es perfecta, entonces, ¿por qué querríamos que la cambiara? Nuestras oraciones deberían estar motivadas por nuestro profundo entendimiento de lo que es Su voluntad. Muchos llegan a la oración, no para averiguar la voluntad de Dios, sino para pedirle que haga lo que ellos quieren. La oración no es conseguir que Dios ajuste Su programa a lo que queremos, es ajustar nuestras vidas a la voluntad revelada de Dios. Cuando oramos, no es Dios quien cambia, somos nosotros. Tal vez hemos estado buscando un cambio en la parte equivocada del ciclo de la oración.

Daniel entendió la voluntad de Dios, y comenzó a orar para que su pueblo estuviera en conformidad con la voluntad revelada de Dios, para que Dios pudiera hacer lo que ya había dicho que iba a hacer. La mayor pérdida de tiempo en la cristiandad es orar por cosas que Dios ya dijo que no debíamos hacer. Durante mis años en el ministerio, muchos jóvenes han venido a mí para casarse. Por ejemplo, una joven y dulce cristiana vino a verme pues estaba lista para casarse y quería que yo realizara la ceremonia. Estaba locamente enamorada de alguien que no conocía al Señor. Nos sentamos, abrí la Biblia y le hablé de lo que implicaba estar unidos en un matrimonio desigual, y de que Dios había declarado que esto iba en contra de Su voluntad. «Oh, Pastor, he orado por esto, y tengo verdadera paz en mi corazón», expresó.

Le dije: «No sé qué tienes en tu corazón, pero no es la paz de Dios. Probablemente sea un capricho, pero no está dentro la voluntad revelada de Dios».

Nunca es correcto orar por lo que Dios ya ha dicho que está mal. Podríamos ahorrar nuestras energías, porque no va a servir de nada. Dios no cambia de opinión. Por lo que sé, no ha escrito otra Biblia.

La oración no solo está motivada por la Palabra de Dios y en sintonía con Su voluntad, sino que también debe manifiesta en nuestro caminar junto a Él. Daniel no solo oraba con frecuencia, también lo hacía con fervor. Estaba comprometido con la oración diaria; en realidad, oraba de rodillas tres veces al día, independientemente de si estaba ocupado con los asuntos del Estado o si el rey había emitido un decreto que prohibía toda oración que no fuera dirigida a él mismo. Cuando se enfrentaba a una crisis, Daniel no cambiaba.

¿ES LA ORACIÓN FERVIENTE UNA EXPRESIÓN DE FANATISMO?

Daniel nos cuenta: «Entonces me puse a orar y a dirigir mis súplicas al Señor mi Dios. Además de orar, ayuné y me vestí de luto y me senté sobre cenizas» (Dn 9:3). Esta fue una oración apasionada. No como las nuestras, en las que vemos a Dios como un botones divino, que nos consigue todo lo que necesitamos en un momento dado. Se nos dice: «… La oración ferviente de una persona justa tiene mucho poder y da resultados maravillosos» (Stg 5:16, NTV).

¿Tenemos alguna idea de lo que significa ser fervientes en la oración? Pensemos en la mayor crisis física, mental o emocional que hayamos tenido, ¿cómo fue nuestra oración en ese momento? Tal vez expresamos algo como: «Señor, tengo esta necesidad, y sería estupendo si pudieras hacer algo al respecto, pero no quiero quitarte mucho tiempo. Si puedes hacer algo, sería genial. Gracias, Señor». ¿O clamamos a Dios con tal intensidad que casi nos causó dolor?

En la cultura del Antiguo Testamento había ciertas cosas que acompañaban a la oración ferviente. Primero, en este pasaje, Daniel se puso ropa de tela áspera, ropa de luto. En el Libro de Job, se dice que él oró con fervor sentado sobre un montón de cenizas y que puso cenizas sobre su cabeza. También se dice que la oración ferviente iba acompañada de rasurarse la cabeza. En otras partes de la Biblia vemos que la oración era tan fervorosa y agonizante que las personas lloraban, se rasgaban la ropa, ayunaban, suspiraban, gemían y sudaban copiosamente. Hoy, en nuestra cultura, ese tipo de fervor parecería fanático. Podrían venir a buscarnos hombres con batas blancas y tratar de ponernos camisas de fuerza. Pero creo que nos hemos inclinado en la dirección opuesta, y mostramos una relación carente de emociones y sin compromiso con Él.

Cuando Daniel oró fervientemente, también ayunó. ¿Cuál es la razón de esta práctica de ayuno tan ignorada en la actualidad?

¿ES EL AYUNO APROPIADO PARA NOSOTROS?

Actualmente no hablamos mucho sobre el ayuno, pero cuando leemos la Biblia vemos algo que realmente nos llama la atención. Jesús ayunó. El apóstol Pablo ayunó. En el Antiguo Testamento, Isaías, Daniel, Ester, David, Ana, Elías, Esdras, Nehemías, Zacarías y otros ayunaron. En la historia de la iglesia leemos que Martín Lutero, Juan Calvino, John Knox, John y Charles Wesley, George Mueller, y muchos más ayunaron. No se nos ordena ayunar y no debemos hacerlo como una expresión externa de nuestra piedad, pero no se puede negar que a veces el ayuno estimula el fervor en nuestra oración. Es un momento en la vida en el que decimos no a nuestros deseos físicos y damos prioridad al ámbito espiritual.

Las razones para el ayuno son variadas. En el Antiguo Testamento la gente a veces ayunaba por problemas personales. Ana ayunó porque no tenía hijos. Algunos lo hacían por desastres públicos. En 1 Samuel 31 vemos la historia de Saúl y sus hijos, incluido Jonatán, que murieron en la batalla contra los filisteos. Los israelitas escucharon lo que los filisteos habían hecho y ayunaron durante siete días debido a esta tragedia. Hubo momentos en que las personas ayunaban por su dolor personal, como la reina Ester cuando oyó que los judíos iban a ser asesinados. A veces el ayuno se hacía como penitencia por el pecado o por compasión hacia los amigos. Otras veces los que ayunaban buscaban conocer la voluntad de Dios.

El Nuevo Testamento nos enseña que ciertos demonios solo podían ser expulsados mediante la oración y el ayuno. Pablo ayunó después de su visión en el camino a Damasco, y de nuevo ayunó durante catorce días en un barco sacudido por una tormenta.

No pongo estos ejemplos porque quiera que todos comencemos a ayunar. La idea es que el ayuno simplemente indica nuestro fervor, el cual es importante en nuestra relación con Dios. No creo que el Señor se entusiasme con nuestra fría e impersonal relación con Él. Esa es la atmósfera que a veces experimentamos en nuestras iglesias hoy.

Se cuenta la historia de un pequeño mono que se le escapó a un organillero en un frío día de invierno. El pobre animal saltó al alféizar de una casa, miró por la ventana y vio que el fuego estaba encendido en la chimenea. Entró en la casa y se sentó con las patitas levantadas hacia el fuego. Sin embargo, murió de frío porque su «fuego» era una ilustración pintada en la pantalla de la chimenea.

Hay iglesias y cristianos que son así. Fuegos pintados en pantallas pintadas, sin emoción, sin fervor, sin calor. ¿Por qué nos asombra que la gente no quiera ser parte de un lugar como ese? Solo tenemos que asistir a un partido de la serie mundial o a un campeonato de baloncesto para ver el entusiasmo de los aficionados. Pero cuando asistimos a la iglesia el domingo, por lo visto pensamos que debemos permanecer prisioneros en nuestra piel como los huesos secos de Ezequiel.

Escuché a un pastor describir la unidad en su iglesia con estas palabras: «Oh, sí, estamos unidos. En realidad, si quieres saber la verdad, estamos congelados juntos». Otro pastor describió a su congregación así: «Estoy seguro de que nuestra iglesia será llevada primero en el arrebatamiento porque la Biblia dice: "Los muertos en Cristo resucitarán primero"».

No estoy sugiriendo que convirtamos nuestras iglesias en estadios llenos de fanáticos frenéticos, pero si realmente creemos en el poder de Dios, debemos orar con un poco de pasión.

DOS DE LAS PALABRAS MÁS DIFÍCILES DE DECIR

Algunas palabras se nos atoran en la garganta. Entre las más difíciles de pronunciar están «he pecado». La oración que cambia la vida nace de la confesión de nuestra maldad ante Dios. ¿Y en el caso de Daniel? Conocimos que cuando los administradores y los sátrapas de Babilonia trataron de hallar algo contra él, «no encontraron de qué acusarlo porque, lejos de ser corrupto o negligente, Daniel era un hombre digno de confianza» (Dn 6:4). Daniel es uno de los pocos hombres del Antiguo Testamento sobre los que no se dice nada negativo. Pero escucha esta oración:

> ... «SEÑOR, Dios grande y terrible, que cumples tu pacto de fidelidad con los que te aman y obedecen tus mandamientos: Hemos pecado y hecho lo malo; hemos sido malvados y rebeldes; nos hemos apartado de tus mandamientos y de tus leyes. No hemos prestado atención a tus siervos los profetas, que en tu nombre hablaron a nuestros reyes y príncipes, a nuestros antepasados y a todos los habitantes de la tierra». (Dn 9:4-6)

Daniel no levantó un dedo acusador para decir: «Mira, Señor, mi pueblo ha sido realmente malvado, se merece cualquier castigo que hayas hecho caer sobre ellos». No, se identificó con el pecado de su pueblo y admitió ante Dios que su juicio sobre Israel durante setenta años había sido justo. Esta es una de las enseñanzas dinámicas de la oración que a mi entender debería imitarse hoy en día.

Los profetas del Antiguo Testamento siempre se identificaron con los pecados de su pueblo.

En el Nuevo Testamento, específicamente en 1 Corintios, aprendemos que como cristianos somos un solo cuerpo. Cuando uno sufre, todos sufrimos. Cuando uno de nosotros se regocija, todos nos regocijamos. Esta puede ser una idea bastante radical en nuestra era, en la que es tan común señalar con el dedo y condenar los pecados de los demás, pero me pregunto qué pasaría si nosotros los pastores nos paráramos en el púlpito el domingo, cuando se conoce el pecado que hay en la iglesia, y oráramos: «Oh Dios, hemos cometido adulterio. Oh Dios, hemos cometido fornicación. Oh Dios, hemos sido deshonestos». ¿No sería una sorpresa?

Una de las cosas que aprendí cuando era un joven pastor fue que siempre nos equivocamos al establecer una relación yo / ustedes con nuestra congregación. Eso significa que hay una diferencia entre compartir la enseñanza de la Palabra de Dios y ser el receptor de una predicación. El predicador que te predica dice: «Si no *tienes* cuidado, esto es lo que *te* va a pasar. Será mejor que arregles *tu* vida, y si no lo *haces*, *vas* a caer».

El estilo bíblico es que el predicador no se coloca a sí mismo por encima de las tentaciones y el pecado. Debería decir: «No hay nada que ustedes sean capaces de hacer que yo no sea capaz de hacer. Estamos juntos en esto, y ninguno de nosotros puede pecar sin que eso afecte al otro». Solo cuando logremos un sentimiento de culpa colectiva ante Dios, como tenía Daniel, alcanzaremos la santidad dentro de la iglesia que Dios quiere que tengamos.

Ahora bien, es cierto que no se menciona ningún pecado de Daniel, pero obviamente era un pecador. Era un hombre muy justo y santo. Comparado con nuestra santidad hoy, estaba por encima de la media. ¿Por qué confesaría su pecado? Cuanto más devota es una persona, cuanto más profundo es su amor por Dios y su compromiso con Cristo, mayor será su sentimiento de pecado.

Alguien me explicó una vez el significado del campanario o la torre de la iglesia. Supuestamente nos enseña que cuanto más te acercas a Dios, más pequeño eres. Esa es la razón por la que Daniel clama a Dios y confiesa el pecado, no porque fuera un gran pecador, sino porque caminaba con Dios en una comunión tan estrecha que incluso los pecados incidentales de su propia vida se magnificaban en su mente y en su corazón.

EL DOLOR DE LA CONFESIÓN

En el Nuevo Testamento, la palabra *confesión* significa «admitir nuestra culpa». Cuando confesamos nuestros pecados verbalizamos nuestros defectos espirituales. Hay mucho dolor en la confesión. He tratado de entender por qué, y creo que tengo algunas pistas.

Tal vez cuando confesamos reconocemos nuestra responsabilidad de cambiar lo que le hemos dicho a Dios que está mal. Cuando nos acercamos a Él decimos: «Señor, he pecado pues… (tú completas tus espacios en blanco, y yo los míos)». Esta confesión lleva implícita el compromiso de que no lo haremos más. Muchas veces tratamos de aferrarnos a los pecados preferidos de nuestra vida. E. M. Blaiklock, quien ha escrito mucho sobre la oración, expresó: «Este período de nuestras devociones debe incluir un momento de dolor. No es la intención de Dios que nos atormentemos ni que permanezcamos largo rato en él. Pero la confesión específica y sincera de nuestro propio pecado no es un ejercicio gozoso».[1]

Si estás casado, las palabras más difíciles de decir parecen ser: «Cariño, me equivoqué». Por ejemplo, si viajas por la autopista con tu esposa y ella te dice que debías haber girado a la derecha, le respondes: «Sé adónde voy. Ese no es el camino». Pero de repente te das cuenta de que ella está en lo cierto. ¿Tienes idea de hasta dónde puede conducir un hombre su auto para evitar que su esposa sepa que ella tenía razón y él estaba equivocado? (Hablo por experiencia). Sería mucho más simple detenerse a un lado del camino y decir: «Cariño, me equivoqué». Si podemos entender eso en términos de nuestras relaciones personales, entonces podemos entender por qué es tan difícil para nosotros acercarnos a Dios y decirle: «Dios, me equivoqué y confieso mi pecado».

UNA LUPA ESPIRITUAL

La oración transformadora de la vida magnifica al Señor. La palabra griega para *magnificar* significa «hacer grande». Cuando Daniel oró, puso una lupa espiritual sobre los atributos de Dios. Expresó: «Señor, Dios grande y terrible». «Tú, Señor, eres justo». «Señor y Dios nuestro, que con mano poderosa sacaste de Egipto a tu pueblo». «No apelamos a nuestra rectitud sino a tu gran misericordia».

¿Necesita Dios que le digamos estas cosas? Seguramente no. Pero Dios necesita oírnos decirlas para saber que las conocemos. No podemos alabar a Dios y ser egocéntricos. No podemos alabar a Dios sin renunciar a estar centrados en nosotros mismos.

Alguien me dijo que si quieres estar bien con Dios, solo tienes que vanagloriarte de Su Hijo. Magnifica y glorifica al Señor Jesucristo.

Cuando Daniel magnificaba y glorificaba a Dios, llegó al final de la oración con una gran verdad. ¿Cuál fue la motivación y el propósito de su oración? Ciertamente no oraba por su propia seguridad. Le quedaban muy pocos años de vida, y regresar del cautiverio, volver a Jerusalén donde todo estaba en ruinas y había tanto trabajo duro por hacer (reconstruir la ciudad, las murallas, el templo), no significaba mucho para él. Su motivación principal era que

Dios le permitiera a Su pueblo regresar a su ciudad, a su templo y a su cultura.

La esencia de su oración se resume en este versículo: «Aparta tu ira y tu furor de Jerusalén, como corresponde a tus actos de justicia. Ella es tu ciudad y tu monte santo. Por nuestros pecados, y por la iniquidad de nuestros antepasados, Jerusalén y tu pueblo son objeto de burla de cuantos nos rodean» (Dn 9:16).

Daniel se dirigió a Dios y le dijo: «Señor, todo el mundo habla de nosotros como Tu pueblo. Dicen que te has olvidado de nosotros. Dios, por Tu propia gloria y honor, por Tu valía, te ruego que nos devuelvas al lugar de honor que una vez tuvimos».

¿Cómo oramos? La mayoría de nuestras oraciones son tan egocéntricas que no tenemos tiempo para centrarnos en Dios. ¿Qué nos pasaría si sintiéramos el compromiso que implica ser cristianos? Llevamos el nombre de Cristo en nuestra forma de vida y en lo que hacemos. Ante la comunidad y dondequiera que vayamos, somos representantes de la reputación de Dios. Si siguiéramos el ejemplo de Daniel, celoso de la reputación de Dios y de Su testimonio, qué efecto tendría en la forma en que vivimos y en la que oramos.

Aprender lo que la oración puede hacer en nuestra vida es un proceso que lleva mucho, mucho tiempo. Avanzamos dando traspiés y tratamos de usar las palabras y los pensamientos adecuados, pero de alguna manera nos parecen vacíos. A menudo hemos pensado que orar es conseguir que Dios bendiga lo que hacemos o lo que queremos hacer. Pero la verdadera oración es descubrir lo que Dios está haciendo y pedirle que nos ayude a saber lo que Él quiere que hagamos.

En el pasado me gustaba practicar el esquí acuático. Aprendí que si me quedaba en la estela del barco, era fácil, pero cuando salía de ella, como hacen los profesionales que saltan sobre las olas, podía ser bastante difícil. La mayor parte del tiempo lo pasaba volviendo a subirme a los esquís. Pero si me quedaba en la estela, podía recorrer kilómetros y no tener ningún problema.

La oración es descubrir adónde va el barco y permanecer en la estela. Es descubrir lo que Dios está haciendo, pedirle que nos ayude a conocer lo que Él quiere que hagamos, y luego concentrarnos en ello.

En mi propia vida, constantemente le pregunto a Dios: «¿Qué quieres que haga?». Cuando nos distanciamos de todo lo que estamos haciendo y nos centramos en lo que Él está haciendo, entonces podemos tener Su bendición.

Cuando Daniel conoció la voluntad de Dios, comenzó a orar fervientemente para que se cumpliera. La razón por la que le preocupaba tanto el pecado era porque impedía conocer lo que Dios estaba haciendo. Así que orar es realmente acercarse a Dios y ser totalmente sumiso a Él en cuerpo, alma y espíritu.

Esta historia sobre Dwight L. Moody ha sido un verdadero desafío para mí. En 1872, Moody asistió a una reunión matutina en un henal en Irlanda y escuchó que un hombre decía en voz baja: «El mundo todavía no ha visto lo que Dios puede hacer con, por, en y través de un hombre completamente consagrado a Su voluntad». Moody diría más tarde: «Estas palabras fueron enviadas a mi alma […] por el Dios viviente. Cuando crucé el Atlántico, estaban grabadas sobre las tablas de la cubierta del barco, y cuando llegué a Chicago, los adoquines parecían decir: "Moody, el mundo aún no ha visto lo que Dios hará con un hombre totalmente consagrado a Él"».[2]

A pesar de sus debilidades humanas y su falta de formación académica, Dios honró a Moody con un ministerio que ha influenciado la vida de personas hasta el día de hoy. Moody descubrió lo que Dios estaba haciendo y fue parte ello.

Me enfrento a todas las ideas humanistas que encuentro, como los «Siete pasos sencillos para tener éxito», y otros temas similares de autoayuda. Dios continúa diciéndome una y otra vez: «Jeremiah, lo que quiero es que averigües lo que estoy haciendo y seas parte de ello».

LA RESPUESTA A LA ORACIÓN DE DANIEL

Cuando Daniel terminó su ferviente oración, recibió la respuesta a través del mensajero especial de Dios. Esa respuesta es el eje principal de toda profecía. La recibió un hombre totalmente comprometido con Dios. Comienza cinco siglos antes del nacimiento de Cristo y nos da el privilegio de ver el panorama de la historia hasta el final de los tiempos.

Las setenta semanas de Daniel son realmente la clave de la palabra profética. Cuán agradecido estoy a este hombre por preservar las palabras de Dios, trasmitidas por el ángel Gabriel, para que pudiéramos entenderlas en este período crucial de la existencia de nuestro planeta.

15

DESENTRAÑAR LA
PALABRA PROFÉTICA

Leopold Cohn, un rabino europeo, estudió la profecía de las setenta semanas de Daniel 9 y, basándose en los versículos 25 y 26, llegó a la conclusión de que el Mesías ya había llegado. Desconcertado, se acercó a un rabino mayor y le preguntó: «¿Dónde está el Mesías?».

El rabino no sabía la respuesta, pero le dijo que creía que el Mesías estaba en la ciudad de Nueva York. Así que Cohn vendió casi todo lo que poseía y compró un pasaje para Estados Unidos, con el objetivo de encontrar al Mesías. Llegó a Nueva York y comenzó a vagar por las calles en su búsqueda. Una noche pasó frente a la puerta de una misión de evangelización y escuchó a las personas cantando. Entró, se sentó en el fondo de la sala y escuchó a un predicador hablar de Jesucristo, el Mesías. Esa noche Leopold Cohn recibió a este mismo Jesús como su Salvador.

Poco después, Cohn compró un establo, lo barrió, puso algunas sillas y comenzó a celebrar sus propias reuniones de evangelización. Este fue el primer servicio de lo que luego sería el Chosen People

Ministries [Ministerios al pueblo elegido]. Todo esto comenzó cuando un rabino leyó el capítulo 9 de Daniel.[1]

Sir Isaac Newton expresó que cuando el fin de los tiempos estuviera cercano habría un grupo de hombres que se ocuparía de las profecías de la Palabra de Dios, e insistiría en su interpretación literal en medio de mucho clamor y resistencia. Creo que vivimos en esa etapa. Newton también afirmó que ya con esta profecía podíamos estar seguros de la verdad del cristianismo, porque cinco siglos antes de que Cristo naciera, se predijo Su venida.[2]

Lo interesante sobre las setenta semanas de Daniel, que es la profecía, es que sesenta y nueve semanas de ellas ya se han cumplido. Podemos volver a la historia y verificar el cumplimiento literal y detallado de las sesenta y nueve semanas. Esto nos da una confianza total para creer que lo que Dios ha hecho en la primera parte de la profecía, seguramente lo hará en la última.

EL SECRETO DE LA PROFECÍA

Esta profecía es la respuesta a la oración de Daniel. Dios decidió responderle con una revelación sobre el futuro que hasta ese momento nadie había recibido. Mientras Daniel estaba profundamente absorto en la oración, Gabriel descendió en un rápido vuelo desde el cielo. El ángel lo tocó en el hombro y le dijo: «¿Llamaste?».

> Se acercaba la hora del sacrificio vespertino. Y mientras yo seguía orando, el ángel Gabriel, a quien había visto en mi visión anterior, vino en raudo vuelo a verme. (Dn 9:21)

Algunas personas piensan que los ángeles son omnipresentes, pero no lo son. No pueden estar en todas partes a la vez; tienen que moverse en el espacio. Daniel estaba de rodillas cuando Dios le dijo a Gabriel: «Mira, quiero que vayas allí y le expliques a Daniel algunas cosas, y quiero que vayas ahora mismo». La orden se dio tan pronto como Daniel comenzó a orar, así que el viaje de Gabriel fue a gran velocidad.

¡Cuando Gabriel aparecía, el mensaje era de suma importancia! Fue él quien le dijo a María sobre Jesús. También le dijo a Zacarías sobre Juan. Cuando Daniel vio que era Gabriel, el mismo que había interpretado la visión del carnero y el macho cabrío, supo que algo grande iba a suceder.

Gabriel dijo: «Daniel, he venido en este momento para que entiendas todo con claridad. Tan pronto como empezaste a orar, Dios contestó tu oración. He venido a decírtelo porque tú eres muy apreciado» (Dn 9:22-23).

La versión Reina-Valera Revisada 1960 traduce «eres muy amado». Es significativo que la mayor fuente de información profética en el Nuevo Testamento es el apóstol Juan, y Daniel es el principal profeta del Antiguo Testamento. Ambos son descritos como «muy amados». El secreto de que Dios le haya dado a Daniel y a Juan el privilegio especial de ser los portadores de la revelación profética está en su inusual obediencia a Dios.

DARLE SENTIDO A LOS NÚMEROS

Gabriel comienza su mensaje con algunos números que son de vital importancia para nuestra comprensión. Le dice a Daniel: «Setenta semanas están determinadas sobre tu pueblo» (RVR1960). Otra versión traduce «setenta conjuntos de siete». La mayoría de nosotros sabemos lo que es una semana, pero si pensamos que aquí se refiere a una semana compuesta de días, estamos equivocados. En el Antiguo Testamento, la semana se refiere a siete años, no a siete días.

Una prueba de esto la encontramos en Levítico cuando se afirma: «Durante seis años sembrarás tus campos, podarás tus viñas y cosecharás sus productos; pero llegado el séptimo año la tierra gozará de un año de reposo en honor al SEÑOR...» (Lv 25:3-4).

Conocemos el día de reposo, pero aquí la Biblia nos enseña sobre el año sabático. Al pueblo judío se le dijo que contara siete años sabáticos (siete veces siete años), y que luego vendría un año de jubileo. La semana de años era parte de la cultura del Antiguo Testamento, así que Daniel debió calcular mentalmente el período tiempo que Gabriel le indicó.

La profecía de las setenta semanas tiene que ver con un período de cuatrocientos noventa años. Hasta este momento, hemos visto las profecías de Dios sobre los gobernantes y las naciones gentiles. Aquí Él afirma: «No me he olvidado de ti, pueblo judío. He tomado del calendario cuatrocientos noventa años que les pertenecen, y les voy a mostrar cómo va a desenvolverse mi programa en ese período de tiempo».

Si las semanas son años, ¿cuánto tiempo es un año? La mayoría de nosotros respondería: «Un año equivale a 365 días, por supuesto». No, no es así. En el Antiguo Testamento, el año profético duraba trescientos sesenta días. El relato del diluvio en Génesis nos da el razonamiento matemático sobre los días del año.

En Génesis 7 y 8 se nos dice que el diluvio comenzó el día diecisiete del segundo mes y terminó el día diecisiete del mes séptimo. Así que la inundación duró cinco meses, ¿no es así? En el mismo capítulo se dice que las aguas inundaron la tierra durante ciento cincuenta días. Una simple división nos mostrará que los meses tenían treinta días de duración, y doce meses por treinta días es igual a trescientos sesenta días, que era la duración del año judío.

Eruditos como Sir Robert Anderson y Harold Hoehner llevaron el calendario judío de trescientos sesenta días a nuestro calendario de 365 días, y cuando toda la información fue insertada en la ecuación la conclusión fue la misma. Tal vez estás pensando: «¿Y qué pasó con los otros cinco días?». Nuestro calendario no es perfecto, por eso tenemos lo que llamamos año bisiesto. Los judíos hicieron lo mismo, lo cual veremos más adelante. Sin embargo, su año bisiesto era mayor que el nuestro.

EL PUEBLO DE LA PROFECÍA

Esta es una profecía sobre el pueblo judío y su ciudad santa. En esencia, Dios manifiesta lo siguiente: «Mira, Daniel, no he terminado con tu pueblo todavía. Tengo un plan para ustedes y quiero decirte cómo encaja con mi plan para los gentiles».

Dios le comunica a Daniel seis cosas que les sucederán a los judíos:

> Setenta semanas están determinadas sobre tu pueblo y sobre tu santa ciudad, para terminar la prevaricación, y poner fin al pecado, y expiar la iniquidad, para traer la justicia perdurable, y sellar la visión y la profecía, y ungir al Santo de los santos. (Dn 9:24, RVR1960)

Daniel había confesado su pecado y el pecado de su pueblo, y aquí Dios le comunica: «Daniel, uno de estos días voy a poner fin al pecado y a la maldad. Tengo un plan para ti y tu pueblo que es abrumador. Voy a traer la justicia y ungir el lugar santísimo. Vas a conocer el final de mi plan para los judíos».

Puede que hayamos olvidado que el plan de Dios para los judíos nunca ha aminorado su marcha. Ni los sucesos del pasado ni la persecución de nuestros días han cambiado Su plan. Hoy vivimos en una época en la que el reloj de Dios de cuatrocientos noventa años se ha detenido temporalmente. Estamos en una pequeña parada, un paréntesis en Su historia.

ISRAEL, TEMPORALMENTE EN UN SEGUNDO PLANO

Los judíos son el pueblo elegido por Dios. Cuando Dios envió al Señor Jesús a este mundo, creo que literalmente se ofreció a sí mismo a Su pueblo. La Biblia afirma: «A lo suyo vino, y los suyos no le recibieron. Mas a todos los que le recibieron, a los que creen en su nombre, les dio potestad de ser hechos hijos de Dios» (Jn 1:11-12, RVR1960). Cuando Israel rechazó a Jesús como su Mesías, Él se volvió a los gentiles y puso a un lado Su plan para los judíos.

El doctor Louis Talbot, el fundador del Seminario Talbot, cuenta que un día se encontraba en un tren que de repente se detuvo. Le preguntó al conductor qué había pasado y este le respondió: «Estamos en una vía lateral. El tren expreso viene en camino, y tuvimos que salirnos de la vía principal para que pudiera pasar».

El doctor Talbot considera que eso es exactamente lo que le ha pasado a la nación de Israel. Estaban en la vía principal, pero rechazaron a su Mesías. Así que Dios los puso al margen como nación. Todavía llama a los judíos individualmente, pero el Expreso Evangelio, que conocemos como la iglesia, está pasando en estos momentos.

Ahora vivimos en ese tren expreso, en un paréntesis de tiempo previo al momento en que Israel vuelva a la vía. Creo que estamos justo al final de ese paréntesis, y que pronto sucederá el arrebatamiento de la iglesia. Entonces llegará la tribulación, que es la septuagésima semana de Daniel.

TODO ENCAJA

Para las personas que se toman en serio el estudio de la Palabra de Dios, esta profecía es una emocionante bendición. Siglos antes de realizar Su obra, Dios le comunica a Su profeta Daniel lo que va a hacer.

Cuando los críticos analizan el Libro de Daniel, detestan el capítulo 9 porque en él se predicen los hechos de historia. Aquí vemos que Dios predijo el momento en que comenzaría la profecía. Predijo el día exacto en que Jesús haría Su entrada triunfal en la ciudad y el momento de la destrucción de Jerusalén. La única forma en que los críticos pueden atacar la exactitud histórica de estas predicciones es mediante el argumento de la datación posterior. Las reglas de esta argumentación son: «No creo en la profecía predictiva, no creo que nadie pueda decirnos lo que va a suceder antes de que suceda, por lo tanto, el libro fue obviamente escrito después de los hechos». A esto se llama «alta crítica», por alguna razón desconocida.

La forma más fácil de entender toda la profecía es notar que el versículo 24 es un resumen de la misma. Luego el versículo 25 nos da información sobre las primeras sesenta y nueve semanas de las setenta semanas de Daniel:

> Sabe, pues, y entiende, que desde la salida de la orden para restaurar y edificar a Jerusalén hasta el Mesías Príncipe, habrá siete semanas, y sesenta y dos semanas; se volverá a edificar la plaza y el muro en tiempos angustiosos. (RVR1960)

El siguiente versículo brinda una imagen de la época en la que estamos ahora; ese apartadero en que nos encontramos:

> Y después de las sesenta y dos semanas se quitará la vida al Mesías, mas no por sí; y el pueblo de un príncipe que ha de venir destruirá la ciudad y el santuario; y su fin será con inundación, y hasta el fin de la guerra durarán las devastaciones. (RVR1960)

El último versículo del capítulo 9 es la septuagésima semana de Daniel, donde veremos otra imagen del infame príncipe oscuro.

LOS JUDÍOS SIGUEN ESPERANDO

Dos cristianos examinaban una maqueta de la Jerusalén del siglo primero en el Holy Land Hotel de Jerusalén. La maqueta estaba bellamente construida. Se habían usado, en la medida de lo posible, los materiales originales de la época: mármol, piedra, madera, cobre y hierro. Los dos hombres discutían sobre la futura reconstrucción del templo, y una persona que se encontraba cerca escuchó la conversación. Se presentó como un rabino de Nueva York e inquirió: «¿Puedo hacerles una pregunta? ¿Creen realmente los cristianos en la reconstrucción del templo de Jerusalén?».

Uno de los cristianos le respondió: «Pero, rabino, ¿no ha leído a sus propios profetas, Ezequiel y Daniel?».

El rabino respondió: «No, en realidad no lo he hecho. Cuando estudiaba para ser rabino me dijeron que no leyera Daniel».

Este rabino al parecer no tuvo la opción de estudiar la Escritura como lo hizo Leopold Cohn, porque si hubiera leído Daniel 9 habría descubierto que el Mesías ya había venido. Muchos judíos todavía lo esperan.

Como cristianos, no esperamos que venga la primera vez, esperamos Su regreso.

16

CON RAZÓN
JESÚS LLORÓ

Algunas cosas son muy difíciles de entender. Por ejemplo, la letra de un médico. Oí la historia de un paciente que fue al médico para un chequeo y este le entregó una receta. El paciente la guardó en su bolsillo y olvidó llevarla a la farmacia. Sin embargo, todas las mañanas, durante dos años, se la mostró al revisor como un pase de tren. Dos veces entró con ella al Radio City Music Hall, y en una ocasión la mostró en la puerta y se le permitió entrar a una sinfonía. Consiguió un aumento en el departamento de recursos humanos al mostrarla como una nota de su jefe. Un día la perdió en su casa, y su hija la encontró, la tocó en el piano y ganó una beca para un conservatorio de música.

Algunos pueden decir que la profecía de las setenta semanas de Daniel es tan descabellada como esa historia y tan ilegible como la letra del doctor. Sin embargo, esta profecía no se escribió para confundirnos, sino para permitirnos comprender el final desde el principio del maravilloso plan de Dios para Su pueblo, los judíos.

LAS PRIMERAS SESENTA Y NUEVE SEMANAS DE AÑOS

Daniel 9:25 establece que el punto de partida de las setenta semanas es la promulgación de un decreto que ordena restaurar y reconstruir Jerusalén. El ángel le comunicó a Daniel: «Sabe, pues, y entiende, que desde la salida de la orden para restaurar y edificar a Jerusalén hasta el Mesías Príncipe, habrá siete semanas, y sesenta y dos semanas; se volverá a edificar la plaza y el muro en tiempos angustiosos» (RVR1960).

Se le dijo a Daniel que toda la ciudad sería reconstruida, incluso la gran plaza dentro de las murallas. ¿Puedes imaginar la emoción que sintió al escuchar que la ciudad donde nació y transcurrió su niñez, que había sido reducida a escombros por la invasión babilónica, sería reconstruida? El momento en que ocurriría es la parte importante.

Para volver a poner en marcha el reloj de Dios, debemos leer Nehemías 2. Nehemías era un hombre de gran fe y ferviente oración. Lideró el tercer grupo de exiliados que regresó a Jerusalén. Dos grandes expediciones anteriores ya habían hecho el largo viaje después de que Ciro les diera la libertad.

Nehemías era el mayordomo en jefe del rey Artajerjes. Se encargaba de seleccionar y probar el vino del rey y eso le daba acceso constante al gobernante. Un día, cuando llevó el vino a las habitaciones reales, el rey lo miró y le preguntó: «¿Por qué estás triste? No me parece que estés enfermo, ¿qué te pasa?».

Esta era la gran oportunidad de Nehemías. Puso la bandeja a un lado, elevó una oración silenciosa e hizo su petición.

«Su Majestad, estoy muy triste porque la ciudad donde están los sepulcros de mis padres se halla en ruinas. Incluso sus puertas han sido consumidas por el fuego».

El rey se acarició la barba, miró a Nehemías y se preguntó qué querría. Nehemías se volvió más audaz. «Su Majestad, si soy digno de su favor, he aquí mi petición. Envíeme a Judá, a la ciudad de Jerusalén, y permítame reconstruirla».

Artajerjes se volvió a su esposa la cual hizo un leve gesto de aprobación. Incluso los reyes quieren que sus esposas estén cerca para aprobar sus decisiones. «Dime, Nehemías, ¿cuánto durará tu viaje? ¿Cuándo regresarás?».

Nehemías se había preparado y le propuso al rey un plazo, luego continuó con una lista de los suministros que necesitaría. Artajerjes emitió un decreto para que la ciudad fuera reconstruida, y sin darse cuenta, dio inicio al cumplimiento exacto de la profecía.

Nehemías 2:1 dice: «Un día, en el mes de *nisán* del año veinte del reinado de Artajerjes…». Esta fue la fecha en la que Nehemías hizo su petición y el rey emitió el decreto. Ahora, para aquellos que disfrutan con los acertijos, esto debería ser fácil. Artajerjes comenzó a reinar en el año 465 A. C. y por lo tanto el vigésimo año de su reinado habría sido el 445 A. C. (Recuerda, en los años A. C. contamos hacia atrás). El primer día de *nisán* es el 14 de marzo, según nuestro calendario, si tenemos en cuenta que nuestros meses no son iguales a los de ellos. Aquí nos estamos acercando al momento específico en el que comenzaron las primeras sesenta y nueve semanas de Daniel.

Según Nehemías 2:1-8, las primeras sesenta y nueve semanas comenzaron en un momento específico, el año 445 A. C., y terminaron en un momento dado y con un suceso determinado. Las sesenta y nueve semanas de Daniel comenzaron el 14 de marzo del año 445 A. C., cuando se promulgó el decreto de Artajerjes.

Debemos recordar que aquí las semanas están compuestas por siete años, y los años tenían 360 días. El cálculo simple de este período de tiempo es así: 69 semanas (de años) x 7 (años que formaban la semana) = 483 x 360 (días del año) = 173.880. Ahora bien, si tomamos el 14 de marzo del año 445 A. C., que es el momento en que se emitió el decreto de la reconstrucción de Jerusalén, y le añadimos 173.880 días, llegamos al 6 de abril del año 32 A. D.

Según la cronología de Sir Robert Anderson, *ese fue el día en que Jesucristo hizo Su entrada triunfal en la cuidad.*

Gabriel le dijo a Daniel que desde el momento en que se emitió el decreto para reconstruir la ciudad hasta que el Mesías Príncipe (o el Ungido) viniera, transcurriría esa cantidad exacta de años. El enviado especial de Dios tenía instrucciones precisas; no había ningún problema de comunicación.

EL DÍA EN QUE ESTA PROFECÍA SE HIZO REALIDAD

Fue un día diferente a todos los que se habían vivido hasta entonces. El Salvador envió a Sus discípulos a buscar cierto burrito sobre el que debía montar. ¿Quién ha visto a un rey montado en un burrito? Sin embargo, el profeta Zacarías predijo cientos de años antes que este sería el medio de transporte que el Mesías usaría.

La gente exclamaba ¡hosanna! y agitaba ramas de palmera para celebrar Su llegada. Los discípulos alababan a Dios por todos los milagros que habían visto. Después de todo, habían caminado con Él y estaban maravillados de que sanara a los enfermos y resucitara a los muertos. Pero su Maestro les había orientado que no se lo dijeran a nadie. Jesús no había permitido que Sus discípulos lo dieran a conocer como el Mesías. Sin embargo, ese día algo sucedió. Algunos decían: «Deberías reprender a tus discípulos, porque te llaman el Mesías». ¿Qué respondió Jesús?

«… —Les aseguro que si ellos se callan, gritarán las piedras» (Lc 19:40).

¡No era posible guardar silencio respecto al Mesías ese día! Era el momento en que Jesús iba a hacer Su entrada, tal como Daniel había profetizado. Mientras la gente cantaba y lo alababa, Jesús tuvo una reacción inusual. En lugar de estar alegre con este gran recibimiento, lloró. No entendí Su reacción durante mucho tiempo, hasta que comencé a estudiar de nuevo el Libro de Daniel. Jesús expresó:

¡Cómo quisiera que hoy supieras lo que te puede traer paz! Pero eso ahora está oculto a tus ojos. Te sobrevendrán días en que tus enemigos levantarán un muro y te rodearán, y te encerrarán por todos lados. Te derribarán a ti y a tus hijos dentro de tus murallas. No dejarán ni una piedra sobre otra, *porque no reconociste el tiempo en que Dios vino a salvarte.* (Lc 19:42-44, énfasis añadido)

No es de extrañar que Jesús llorara. Había enviado a Su mensajero celestial 483 años antes para que le informara a Su amado profeta Daniel el momento exacto en que el Mesías Príncipe sería proclamado. Pero no había una sola persona que entendiera lo suficiente el Antiguo Testamento como para reconocer que ese era Su día. La Biblia afirma: «Vino a lo que era suyo, pero los suyos no lo recibieron. Mas a cuantos lo recibieron, a los que creen en su nombre, les dio el derecho de ser hijos de Dios» (Jn 1:11-12).

La profecía afirma que después de la llegada del Mesías Príncipe se le «quitará la vida». Unos pocos días después de Su entrada triunfal en Jerusalén Jesús fue crucificado, y se cumplió la última parte del versículo 26.

Debido a que los Suyos no lo recibieron, Jesús se apartó de Su plan para los judíos y dio inicio a Su plan con los gentiles. Hemos visto que el programa de Dios para Israel abarcaba cuatrocientos noventa años. Como habían pasado 483 años, es obvio que quedaban siete años. Entre la crucifixión y los últimos siete años hay un período de tiempo indeterminado. Hoy en día vivimos en esa brecha de tiempo.

COMPRENDER LA BRECHA DE TIEMPO

Gabriel le informó a Daniel sobre seis cosas que sucederían para completar la profecía de las setenta semanas, así las enumeró:

1. Terminar la prevaricación

2. Poner fin al pecado
3. Expiar la iniquidad
4. Traer la justicia perdurable
5. Sellar la visión y la profecía
6. Ungir al Santo de los santos

¿Han ocurrido estas cosas? ¿Hay paz eterna en Israel? ¿Ha sido ungido el templo, el lugar santísimo? En realidad, ¿hay algún templo para ungir? ¿Hay todavía pecado en el mundo? Todos sabemos que ninguna de estas profecías se ha cumplido.

Además, Gabriel le comunicó a Daniel: «El pueblo de un príncipe que ha de venir destruirá la ciudad y el santuario» (Dn 9:26, RVR1960). En el año 70 A. D., Jerusalén fue destruida, casi cuarenta años después de la muerte de Cristo. Toda la civilización de los judíos dejó de existir y esa desolación continuó hasta tiempos recientes.

Los profetas del Antiguo Testamento no veían las cosas como lo hacemos hoy. Vemos los años que vienen uno tras otro. Los profetas de la antigüedad, Daniel, Isaías, Jeremías y otros, miraban al futuro y veían todas las cosas que Dios iba a hacer a través de Su Hijo, el Mesías, pero no diferenciaban entre Su primera venida y Su segundo advenimiento. El arrebatamiento de la iglesia ni siquiera se menciona en el Antiguo Testamento.

El conocido pasaje de Isaías que utilizamos en Navidad ilustra esta doble profecía: «Pues nos ha nacido un niño, un hijo se nos ha dado». Esto sucedió cuando Jesús vino a este mundo por primera vez. Pero he aquí el resto del versículo: «... el gobierno descansará sobre sus hombros, y será llamado: Consejero Maravilloso, Dios Poderoso, Padre Eterno, Príncipe de Paz» (Is 9:6, NTV). Cuando Jesús vino la primera vez, ¿estuvo el gobierno sobre Sus hombros? Ciertamente no. El gobierno lo clavó en una cruz. Cuando venga la segunda vez, Él será el gobierno. En el mismo versículo, la profecía salta dos mil años o más. Pero Isaías lo vio todo junto.

Otro profeta que tenía una doble profecía es Zacarías. «¡Alégrate mucho, hija de Sión! ¡Grita de alegría, hija de Jerusalén! Mira, tu rey viene hacia ti, justo, Salvador y humilde. Viene montado en un asno, en un pollino, cría de asna» (Zac 9:9). Acabamos de ver cuándo ocurrió esto. Pero el siguiente versículo afirma: «Destruirá los carros de Efraín y los caballos de Jerusalén. Quebrará el arco de combate y proclamará paz a las naciones. Su dominio se extenderá de mar a mar, ¡desde el río Éufrates hasta los confines de la tierra!» (Zac 9:10). Nada de esto sucedió cuando Jesús caminó en la tierra. Una vez más, un profeta miró hacia el futuro.

EL FINAL DE LAS SESENTA Y NUEVE SEMANAS

Con el fin de los 483 años, era hora de que la iglesia hiciera su aparición, según Hechos 2 y la venida del Espíritu Santo. Daniel no dice nada de eso porque no sabía nada al respecto. La iglesia es un misterio en el Antiguo Testamento.

Durante esta brecha de tiempo, la iglesia crece, agrega nuevos miembros y trabaja para frenar la arremetida del mal en el mundo. Al final de la era de la iglesia, Jesucristo vendrá por los Suyos, y la iglesia será arrebatada.

Cuando los cristianos ya no estén, el planeta Tierra se convertirá en un hervidero de insurrección y odio. La escena estará lista para que un líder fuerte llegue con la promesa de restaurar el orden y ofrecer una solución a los problemas económicos.

PROMESAS ROTAS, PERSONAS DESHECHAS

A esta altura de la explicación, Daniel debe haberse sentido muy abrumado por las palabras de Gabriel. En el resumen de las setenta semanas, se le dio un pequeño vistazo de la última semana de años.

Durante una semana ese gobernante hará un pacto con muchos, pero a media semana pondrá fin a los sacrificios y ofrendas. Sobre una de las alas del templo cometerá horribles sacrilegios, hasta que le sobrevenga el desastroso fin que le ha sido decretado. (Dn 9:27)

Este es el «príncipe que ha de venir», mencionado en el versículo 26. Es el cuerno pequeño de Daniel 7, el rey de rostro adusto, el hombre de maldad, la bestia, y todos esos otros nombres que tenemos para el Anticristo. Hay muchos anticristos en el mundo hoy, pero ninguno que tenga las cualidades demoníacas de este hombre. Uno de sus primeros actos será hacer un tratado con el pueblo judío. Más que nada en el mundo, los judíos anhelan reconstruir su templo y restaurar el sacrificio en él. Un día habrá un gran líder que se sentará a la mesa de negociaciones y dirá: «Mis queridos amigos, es mi deseo ayudarlos a restaurar su herencia religiosa. Tengo los recursos y la mano de obra para reconstruir su glorioso templo».

Los líderes judíos serán engañados. Creerán que este hombre es sincero y aceptarán cualquier cosa que él exija. Solo tres años y medio después, el Anticristo romperá el acuerdo y lo desechara como un pedazo de papel sin sentido. El templo en sí será profanado de tal manera que ya no será considerado como el templo del Señor, sino como un templo de ídolos. Lo que Antíoco hizo de una manera limitada en el siglo segundo A. C. se convertirá en una persecución mundial de Israel.

Los últimos tres años y medio serán un baño de sangre. Según algunos indicios en la Escritura, la sangre fluirá a la altura de los frenos de los caballos y los cadáveres producirán un olor tan terrible que los barcos que pasen por el puerto intentarán cambiar su ruta para no tener que acercarse a tal destrucción.

Jesús profetizó sobre este período de gran tribulación:

»Así que cuando vean en el lugar santo "el horrible sacrilegio", del que habló el profeta Daniel (el que lee, que lo entienda), los que estén en Judea huyan a las montañas. El que esté en la azotea no baje a llevarse nada de su casa. Y el que esté en el campo no regrese para buscar su capa. ¡Qué terrible será en aquellos días para las que estén embarazadas o amamantando! Oren para que su huida no suceda en invierno ni en sábado. Porque habrá una gran tribulación, como no la ha habido desde el principio del mundo hasta ahora, ni la habrá jamás. Si no se acortaran esos días, nadie sobreviviría, pero por causa de los elegidos se acortarán. (Mt 24:15-22)

Toma todos los horrores de la guerra que puedas imaginar, multiplícalos por mil, y todavía no te habrás acercado al horrible holocausto que tendrá lugar durante la última mitad del período de la tribulación.

Al final de la septuagésima semana, Cristo el Rey vendrá, y la Escritura dice que todo Israel será salvado. La Escritura afirma que Israel se reconciliará con su Mesías y su rebelión habrá terminado. A Daniel se le dijo que al final de los cuatrocientos noventa años Dios implementaría Su programa para los judíos y la justicia eterna reinaría. Un glorioso templo será reconstruido, donde los judíos podrán realizar la adoración. Será un templo diferente a todos los que han existido hasta ahora.

SETENTA SEMANAS EN EONES

Cuando mis hijos estaban en la escuela, a veces se preguntaban por qué tenían que estudiar ciertas materias obligatorias que no parecían tener ningún propósito útil. «Obtener buenas notas para poder entrar en la universidad» puede no haber sido una respuesta muy inteligente. Pero en cuanto al estudio de las crípticas setenta semanas en Daniel, creo que es importante por algunas buenas razones.

Primero, la profecía nos enseña que Dios no ha olvidado a Su pueblo, los judíos. Imagina cómo se sintió Daniel, cautivo durante sesenta y nueve años, en aquella cultura babilónica que luego fue dominada por los persas, y abrumado por la pregunta: «¿Dios nos ha abandonado?». En respuesta a su oración, Dios le comunicó que no había olvidado Sus promesas. Alguien ha expresado que el rey de Egipto no pudo humillar a los judíos; las aguas del mar Rojo no pudieron ahogarlos; Balán no pudo maldecirlos; el horno en llamas no pudo devorarlos; la horca de Amán no pudo colgarlos; las naciones no pudieron destruir su identidad; y los dictadores no pudieron aniquilarlos. Dondequiera que vayamos hoy, veremos que las diversas culturas y razas del mundo se han asimilado unas a otras. Pero no ocurre así con los judíos. Hay judíos rusos, judíos alemanes, judíos polacos y judíos estadounidenses. Dios ha preservado su identidad única porque un día Su plan para Su pueblo elegido se cumplirá.

En segundo lugar, el cautiverio tenía un propósito. En los cuatrocientos noventa años anteriores a ese cautiverio, los judíos no habían respetado el día de reposo. Dios les había ordenado que apartaran como sagrado para Él uno de cada siete años, pero se negaron. Entonces Dios dijo: «Si no me dan los años sabáticos, se los quitaré». Así que durante setenta años sacó a los judíos de su tierra, la cual quedó desolada. Tomó Sus años sabáticos porque los judíos no se los daban voluntariamente.

Luego de tomar los setenta años de los judíos, declaró: «Ahora tengo cuatrocientos noventa años más, que aún están por venir, y sobre los cuales quiero contarles».

Durante los setenta años de cautiverio, algunas cosas positivas les sucedieron a los judíos.

Mientras estaban en Babilonia, surgieron las sinagogas. No podían adorar en su templo, así que los rabinos decidieron enseñar en una especie de iglesias caseras. De la sinagoga surgieron las raíces de las iglesias de hoy en día. Fue solo una ligera transición de las sinagogas a las iglesias del cristianismo.

Mientras los judíos estaban en cautiverio, se completó el canon del Antiguo Testamento de la Biblia. En realidad, la primera colección de libros del Antiguo Testamento ocurre bajo el liderazgo de Esdras después de los setenta años de cautiverio. Cuando abrimos nuestras Biblias hoy y hojeamos los libros del Antiguo Testamento, sabemos que comenzaron con una colección de rollos en Babilonia. De Babilonia salieron muchos resultados beneficiosos.

Muchas veces no sé lo que Dios está haciendo conmigo. *¿Qué está pasando en mi vida? Señor, ¿por qué me has puesto en esta situación?* Con el paso de los años me he dado cuenta de que Dios está obrando incluso cuando no entiendo lo que está haciendo.

También podemos conocer que Él es un Dios personal. En varias ocasiones en la vida de Daniel, que fue muy amado por el Señor debido a su obediencia, Dios puso Su mano sobre él. Lo hizo para que hablara, para darle habilidad, cuando necesitaba mantenerse firme, cuando necesitaba ser fuerte. Dios se preocupa por Su pueblo.

LÁGRIMAS DE DIOS

Jesús vio el futuro cuando entró en Jerusalén sobre un burrito. No solo la carnicería que iba a destruir la ciudad, sino también el período de terror que llegaría para todos los que lo rechazaran. Y lloró.

Soy propenso a las lágrimas. Cuando trato de ponerme en el lugar de un profeta como Daniel, me siento abrumado por el conocimiento que Dios le dio. Pero darme cuenta de que muchas personas no entienden lo que estas profecías significan para su propio futuro es una motivación para mí.

No es de extrañar que Jesús llorara, porque sabía que habría quienes se burlarían, dudarían e ignorarían a Sus siervos elegidos. Pero qué emocionante es ser parte del vasto y creciente ejército de creyentes que toman estas profecías en serio.

EL PODER DEL DEMONIO

Si has tenido un hijo que se ha rebelado y ha rechazado tus enseñanzas morales, o un amigo que ha traicionado tu confianza, puedes tener una idea de la agonía que se apoderó del espíritu de Daniel. Mientras experimentaba un gran conflicto personal en la tierra, otro conflicto se libraba en los cielos.

El capítulo 10 de Daniel nos prepara para la visión final que Dios le da a Su siervo y el sorprendente escenario del fin de los tiempos. El momento es el tercer año del reinado de Ciro de Persia. Han pasado solo dos años desde que se emitió el decreto para que los judíos regresaran a su tierra natal y comenzaran a reconstruir el templo en Jerusalén. Ciro, con la generosidad de un rey, proclamó que cualquier judío que quisiera volver podría hacerlo. ¡Qué tiempos! Seguramente hubo bailes en las murallas de la ciudad y desfiles bajo la puerta de Istar. Daniel debía haberse sentido muy satisfecho en su vejez, y vivir tranquilamente en su retiro. La locura de Nabucodonosor, la amenaza del foso de los leones y las visiones del Anticristo habían sido desafíos suficientes para toda una vida. El cautiverio había terminado; su pueblo era libre. Pero el viejo profeta, con una mente tan aguda como cuando entró en la corte de Nabucodonosor setenta años antes, estaba profundamente agobiado.

MI PUEBLO, MI PUEBLO

Daniel 10:1 dice: «En el año tercero de Ciro rey de Persia fue revelada palabra a Daniel, llamado Beltsasar; y la palabra era verdadera, y el conflicto grande; pero él comprendió la palabra, y tuvo inteligencia en la visión» (RVR1960).

Una parte del «conflicto grande» era la agitación que sentía Daniel en su corazón. Aunque habían sido liberados, todavía quedaban muchos judíos en Babilonia. Por sorprendente que parezca, menos de cincuenta mil personas se ofrecieron como voluntarias para regresar a Israel. Había muchos judíos que aún vivían como extranjeros en una tierra de ídolos. Daniel debió pensar que era demasiado viejo para regresar o que los judíos que quedaban en Babilonia lo necesitaban, pero era preocupante que todavía hubiera miles de personas sanas que se contentaban con ser exiliados.

Las noticias de Jerusalén también eran inquietantes. El pequeño remanente que había regresado no se esforzaba mucho. Les tomó dos años comenzar los cimientos del templo. Además, algunos judíos renegados que vivían en ese territorio decidieron hostilizar a los constructores. El capítulo 4 de Esdras cuenta cómo los enemigos de Judá hicieron todo lo posible para desalentar a los constructores. Finalmente, se emitió un edicto que ordenaba detener todo el trabajo de reconstrucción. La noticia se filtró y llegó a Daniel a través del «expreso camello», y también supo que su pueblo había vuelto a caer en los mismos tipos de pecados que habían dado lugar al cautiverio.

«En aquella ocasión yo, Daniel, pasé tres semanas como si estuviera de luto. En todo ese tiempo no comí nada especial, ni probé carne ni vino, ni usé ningún perfume» (Dn 10:2-3).

Ayunó, no salió a la calle y no ungió su cuerpo. Los judíos acostumbraban a ponerse algún tipo de perfume en sus cuerpos cuando estaban alegres. Era como usar una loción para después de afeitarse o una colonia antes de salir en público. Cuando Daniel estaba agobiado no iba a un psicólogo, ni se quejaba con sus amigos, ni con sus vecinos. Daniel iba directamente a la fuente. Entonces oró.

Al mirar hacia atrás en mi vida, he notado que cuando estoy preocupado enfrento algunas terribles tentaciones. Deseo encontrar un amigo que me escuche. Creo que todos necesitamos de alguien a quien podamos confiarle lo que hay en nuestro corazón, pero ¿no es interesante que hagamos todo excepto lo que Dios nos ha dado para el momento en que estemos deprimidos?

Recuerdo haber leído la historia de Andrew Bonar, uno de los grandes predicadores y escritores del siglo pasado. Su hija le mostraba a un evangelista galés la iglesia que su padre había pastoreado y expresó:

Cuando era niña, mi padre solía traerme aquí y pedirme que me sentara en un banco de atrás. Me decía: «Volveré en un rato. Tú quédate aquí».

Me dejaba allí, y no lo veía durante algún tiempo. Un día, decidí averiguar lo que hacía, así que me bajé del banco y caminé por el pasillo hasta que finalmente lo encontré. Vi algo muy extraño. Mi padre estaba sentado en un banco, inclinado hacia adelante como para leer el nombre que había en la placa. [En aquellos días era común poner nombres en cada banco]. Leía el nombre, inclinaba la cabeza y oraba. Luego leía el nombre que había en el siguiente banco y oraba de nuevo. Mi padre pasaba toda la noche en el lugar donde el pueblo de Dios venía a adorar y oraba por cada feligrés de su iglesia, uno por uno. Llevaba sobre sí una carga abrumadora por su pueblo.[1]

Me pregunto qué pasaría si los que estamos en el ministerio lleváramos las cargas que Dios pone en nuestro corazón de vuelta a la fuente, como lo hizo Daniel.

A algunas personas les gusta salir y caminar cuando tienen problemas. Cuando dejamos nuestro entorno natural parece que somos capaces de pensar mejor, de mirar nuestros problemas con una perspectiva diferente. Después de tres semanas de oración y ayuno, Daniel fue a dar un paseo por el río con algunos amigos. Sus oraciones tenían cierta fuerza, pues llamaban la atención de los ángeles. Dios le envió uno de Sus emisarios especiales, como el que el apóstol Juan describió en el primer capítulo de Apocalipsis.

Imagínate que paseas por el río, lanzas una piedra al agua aquí y allá, y de repente ves esta brillante figura: «Levanté los ojos y vi ante mí a un hombre vestido de lino, con un cinturón del oro más refinado. Su cuerpo brillaba como el topacio, y su rostro resplandecía como el relámpago; sus ojos eran dos antorchas encendidas, y sus brazos y piernas parecían de bronce bruñido; su voz resonaba como el eco de una multitud» (Dn 10:5-6).

Los amigos de Daniel no vieron nada, pero algo los aterrorizó tanto que corrieron y se escondieron detrás de unos arbustos. Nuestro valiente amigo hizo lo otro que cualquiera hubiera hecho. Se desmayó.

El ángel tuvo que ayudar a Daniel para que pudiera estar en condiciones de entender lo que Dios quería comunicarle. Primero lo tocó y luego le ayudó a ponerse de rodillas. Temblaba tanto que el ángel le dijo: «Daniel, Dios te ama mucho y me ha enviado a comunicarte un mensaje importante. Levántate y escúchame».

Daniel se puso de pie, tembloroso y mortalmente pálido, tambaleándose a punto de caer de nuevo en cualquier momento. Logró estabilizarse y miró a la cara del mensajero celestial. Dios responde a las oraciones de maneras asombrosas. Anteriormente, cuando había orado con fervor, sus oraciones habían sido respondidas antes de que salieran de su boca. Esta vez, había orado durante tres semanas sin respuesta, hasta que de repente apareció este resplandeciente mensajero. Daniel no estaba acostumbrado a un servicio tan lento. Me imagino que pensaría: *¿Dónde has estado todo este tiempo? Casi muero de hambre.*

Algunas personas creen que este ángel fue una aparición de Jesús en el Antiguo Testamento. Teológicamente, a esto se le llama cristofanía o teofanía. En un momento pensé que era cierto, porque se parece a la imagen de Jesús en Apocalipsis. Pero he llegado a creer que no era el Señor, pues la Escritura dice que el enviado enfrentó la oposición de uno de los emisarios de Satanás durante veintiún días. Mi Señor no es así. Dudo que alguna vez haya sido detenido por uno de los seguidores de Satanás, a pesar de que el Espíritu de Dios lo llevó al desierto y Satanás lo tentó durante cuarenta días.

Creo que Dios eligió a uno de Sus mejores embajadores para llevar este mensaje a Daniel. Ningún emisario de menor rango lo haría.

EL CAMPO DE BATALLA EN LOS CIELOS

Dios escuchó a Daniel desde el momento en que comenzó a orar, pero la respuesta fue interceptada en algún lugar entre el cielo y la tierra. Con Daniel temblando de pies a cabeza delante de él, el ángel expresó:

> … No tengas miedo, Daniel. Tu petición fue escuchada desde el primer día en que te propusiste ganar entendimiento y humillarte ante tu Dios. En respuesta a ella estoy aquí. Durante veintiún días el príncipe de Persia se me opuso, así que acudió en mi ayuda

Miguel, uno de los príncipes de primer rango. Y me quedé allí, con los reyes de Persia. (Dn 10:12-13)

Es un relato fascinante. Daniel oraba en la tierra. Dios lo escuchó en el cielo y envió un ángel con una respuesta de entrega especial. Sin embargo, ese ángel fue interceptado entre el cielo y la tierra por un ángel maligno, un demonio, y tuvo lugar una batalla. Después de tres semanas de enfrentamiento, el ángel de Dios, con la ayuda de Miguel, uno de los principales príncipes, se pudo librar del bandido y continuó su viaje a la tierra.

Tal vez estés pensando: *Esta es la historia más extraña que he escuchado en mi vida. ¿Qué libro de ciencia ficción has estado leyendo?* No es una historia de ficción. Satanás tiene sus ángeles, y están muy bien organizados. Apocalipsis 12:7 afirma: «Se desató entonces una guerra en el cielo: Miguel y sus ángeles combatieron al dragón; este y sus ángeles, a su vez, les hicieron frente». Mateo 25:41 habla del «fuego eterno preparado para el diablo y sus ángeles».

Obviamente, el príncipe de Persia no es un hombre, porque ningún humano podría hacerle frente a un mensajero de Dios. Es un ser sobrenatural, uno de los asistentes de Satanás. Estas criaturas cumplen tareas especiales en la tierra, y vemos su huella en todas partes.

Satanás y sus demonios están activos hoy en el mundo. Vemos su poder destructivo en todas partes, donde causan desesperación y destrucción. Desde el principio el príncipe de las tinieblas ha estado trabajando para engañar y destruir. La realidad es que estamos en una batalla permanente con Satanás y sus secuaces.

¿Cómo logra Satanás sus objetivos? No es omnipresente. Cuando hablamos de que Satanás nos tienta, probablemente no sea la Bestia en sí misma, sino uno de sus demonios que ha enviado para atormentarnos. Estos ángeles malignos aprovechan cualquier oportunidad para tentarnos y alejarnos de las cosas de Dios. Esa es la idea de Efesios 6:12 cuando afirma: «Pues no luchamos contra enemigos de carne y hueso, sino contra gobernadores malignos y autoridades del mundo invisible, contra fuerzas poderosas de este mundo tenebroso y contra espíritus malignos de los lugares celestiales» (NTV).

El mal no es abstracto; no acecha en algún lugar como una nube. Siempre tiene una fuente inteligente y consciente. No hay mal que no se origine en una personalidad. Está el mal que hay dentro de nosotros, y aquel que está personalmente involucrado con Satanás y sus emisarios. Está organizado, y sus tropas se encuentran en todas partes.

El mensajero de Dios fue interceptado en los cielos por un demonio destinado a Persia. La orden que había recibido de Satanás era hacer todo lo posible para evitar que el plan de Dios en Persia siguiera adelante.

Hay demonios destinados a Estados Unidos que gravitan amenazadoramente sobre nuestro proceso electoral. Trabajan horas extras en los pasillos del gobierno para abortar el propósito de Dios y Su plan.

El doctor Merrill Unger fue uno de mis profesores en el seminario. En un libro, que es un clásico sobre la demonología, escribió:

> La historia, desde la caída del hombre, ha sido un testimonio ininterrumpido de los poderes malignos en los gobernantes humanos, ya sea un faraón de Egipto que oprime al pueblo de Dios, un Nabucodonosor que los lleva al cautiverio o un Nerón que los tortura y los masacra salvajemente. Sin embargo, tal vez el ejemplo supremo de la barbarie total, la crueldad y la maldad más horrible de hombres energizados por el poder del demonio lo encontramos en la tan alabada civilización e iluminación del siglo veinte.

Hitler, el azote de Europa, energizado por el demonio y dirigido por él, vino y se fue, y dejó tras de sí un rastro de sufrimiento indescriptible.[2]

Según cuentan los que le rodeaban, cuando Hitler se preparaba para una gran campaña, a menudo pasaba la mayor parte de la noche anterior en comunión con el mundo de los espíritus. Entraba en contacto con su príncipe, y seguramente había ángeles malignos que tenían la tarea de dirigir los asuntos de este malvado tirano.

SI SATANÁS FUE JUZGADO, ¿POR QUÉ ESTÁ GANANDO?

«Por tanto, ya que ellos son de carne y hueso, él también compartió esa naturaleza humana para anular, mediante la muerte, al que tiene el dominio de la muerte—es decir, al diablo—» (Heb 2:14). Satanás fue juzgado en la cruz, pero a pesar de haber sido derrotado parece estar bastante vivo. Parece haber tomado el control de la filosofía, la religión y la política; se ha metido en nuestros hogares y ha destruido naciones. Tiene a su servicio muchos invasores merodeadores que hacen su trabajo.

La victoria del Calvario destruyó todos los reclamos de Satanás sobre nosotros, pero el cumplimiento de lo que significa esa victoria es un asunto diferente. Desde el punto de vista legal, todos sus reclamos fueron desestimados cuando el Señor murió por nosotros. Pero como en cualquier otra victoria legal, el veredicto debe ser puesto en práctica. Algún día se aplicará para siempre, cuando Satanás sea arrojado al infierno y sus ángeles sean enviados a un tormento perpetuo. Pero hoy está libre, aunque ya se haya dictado sentencia.

Si un hombre comete un asesinato, está violando la ley de la tierra. Sin embargo, si no hay policías que lo arresten, ni tribunales que lo juzguen, ni cárceles que lo encierren, no puede haber aplicación de la ley. Aunque Satanás ha sido juzgado en la cruz, ese veredicto aún no se ha puesto en práctica. Un día se cumplirá y será desterrado para siempre de nuestra presencia.

Hay una manera de hacer cumplir la sentencia de Satanás, y debemos ser nosotros quienes lo hagamos. Nuestra primera arma es la Palabra de Dios. Así es como luchamos contra Satanás y sus demonios:

> Pónganse toda la armadura de Dios para que puedan hacer frente a las artimañas del diablo. Porque nuestra lucha no es contra seres humanos, sino contra poderes, contra autoridades, contra potestades que dominan este mundo de tinieblas, contra fuerzas espirituales malignas en las regiones celestiales. Por lo tanto, pónganse toda la armadura de Dios, para que cuando llegue el día malo puedan resistir hasta el fin con firmeza. [...] Tomen el casco de la salvación y la espada del Espíritu, que es la palabra de Dios. Oren en el Espíritu en todo momento, con peticiones y ruegos. (Ef 6:11-13, 17-18)

Lo otro es la oración. La Biblia tiene un pasaje clave que nos enseña la forma de luchar en esta batalla:

> Las armas con que luchamos no son del mundo, sino que tienen el poder divino para derribar fortalezas. Destruimos argumentos y toda altivez que se levanta contra el conocimiento de Dios, y llevamos cautivo todo pensamiento para que se someta a Cristo. (2 Co 10:4-5)

¿Por qué el ángel finalmente llegó a la tierra para hablar con Daniel? Creo que fue porque Daniel nunca dejó de orar. La herramienta que hace que se cumpla la sentencia de Satanás es la oración. Si realmente creyéramos eso, entonces orar sería la principal tarea de la iglesia. Pero aquí es donde Satanás nos ha derrotado. Nos mantiene tan ocupados leyendo los últimos éxitos editoriales en las librerías cristianas, organizando todo tipo de estrategias evangelísticas, aconsejando a las personas y enfrentándonos a la oposición que no tenemos tiempo para orar. Al tratar de hacer todo, nos frustramos y nos fatigamos tanto que comenzamos a preguntarnos por qué no obtenemos la victoria.

Dios me ha enseñado que la única manera de obtener la victoria en un ministerio, en la vida, o en una iglesia es comprender el poder que Él ha puesto en nuestras manos a través de la oración.

Si somos honestos con nosotros mismos, probablemente admitiremos que no le damos mucha prioridad a la oración. Lo hacemos apresuradamente y por compromiso, según dispongamos de tiempo. Oramos antes de ir a la cama (a veces) y antes de comer. De vez en cuando, cuando estamos muy mal, le pedimos a Dios que nos saque de los problemas. Pero apenas le damos importancia a la oración ferviente que tiene una verdadera influencia en nuestra vida y en la vida del mundo.

LA LLAVE DE MI CAJA DE SEGURIDAD

Tengo una caja de seguridad en un banco. No estoy seguro de por qué, pero guardamos algunos papeles y ciertos objetos de valor allí. Tengo una llave (si logro encontrarla), y cuando voy al banco y quiero entrar a la bóveda de seguridad, hay un empleado que viene y pone también su llave en la cerradura para que la caja se abra. La oración es así. Hubo un día en que Dios puso Su llave en la caja y derrotó a Satanás. Su derrota se hará efectiva en nuestra vida cuando introduzcamos la llave de la oración, la giremos y eso nos entregue la victoria.

No lo hemos logrado porque no lo hemos pedido. No hemos salido victoriosos porque no tomamos lo que Dios nos ha dado. No oramos en contra de la estrategia de Satanás en nuestras escuelas, en nuestros hogares y en nuestros países. Muchas veces oramos por esto o por lo otro, pero no lo hacemos en contra de su estrategia.

Una vez me encontraba en la casa de un buen amigo mientras él tenía su tiempo devocional junto a su familia. Nunca lo olvidaré. Tenía a sus hijos adolescentes alrededor de la mesa, y oraba por ellos. Decía así en su oración: «Oh, Dios, evita que mis hijos se divorcien». Pensé: *Esto es extraño, ni siquiera están casados todavía.* Cuando estuvimos a solas le pregunté sobre su oración y me respondió: «He estado orando en ese sentido desde que llegaron a la adolescencia. Oro en contra de cualquier actividad que Satanás pueda tener en mente para esos chicos».

ZONAS DE INTERVENCIÓN

Crecí en un pueblo donde había un colegio cristiano. Alguien me preguntó una vez cuál era el motivo de que hubiera tantos problemas en las universidades cristianas. Después de todo, uno podría esperar que cuando los cristianos se reunieran todo marchara de maravilla. No entendía el motivo cuando era joven, pero sí lo entiendo ahora. Si tememos a Satanás, el peor lugar para nosotros es donde hay un montón de gente de Dios. Satanás y sus ayudantes no se preocupan por la gente «de ahí fuera». Ya los tiene. Pero cuando pone su mirada en un grupo de futuros líderes, siervos, ministros y misioneros, todos reunidos en un lugar, no tiene que enviar a muchos de sus ángeles para hacer su trabajo. Simplemente nos bombardea. Es una batalla diaria.

Si vamos a sobrevivir por la gracia y la gloria de Dios, tenemos que empezar a orar. No hablo de una oración superficial, sino de la que se ora con la intensidad que vemos en esta historia de Daniel, donde un hombre estaba tan agobiado que ni siquiera podía comer. Esto es lo que significa ser un guerrero de la oración.

Cuando Daniel oró, también se le comunicó el plan de batalla del ángel número uno de Satanás. Vivimos en una época en la que los ejércitos del fin de los tiempos están reuniendo sus fuerzas, y su estrategia no debería ser un misterio para nosotros.

18

EL CAMPO DE BATALLA
EN TORNO A DANIEL

He escuchado la historia de un profesor de un seminario teológico liberal que daba una conferencia sobre el Libro de Daniel. Su clase estaba formada por jóvenes, muchos de los cuales serían futuros líderes de la iglesia. Al comenzar expresó: «Quiero que entiendan que el Libro de Daniel fue escrito durante el período de los macabeos en el siglo segundo A. C., y no por el Daniel histórico que vivió en el siglo sexto A. C. Los hechos se escribieron, como todo relato histórico, después de haber ocurrido».

Un joven levantó la mano y preguntó: «¿Cómo puede ser así, señor, cuando Cristo afirmó en Mateo 24:16 que fue escrito por Daniel?».

El profesor se detuvo un momento, miró al estudiante a los ojos y le respondió: «Joven, sé más del Libro de Daniel que Jesús».

Muchos estudiantes de esa clase predican en nuestras iglesias hoy. Esto es lo que ocurre en algunos seminarios a lo largo y ancho del país todos los días.

Recuerda que los demonios lucharon durante veintiún días para tratar de evitar que el mensajero celestial de Dios le comunicara a Daniel, Su hombre, lo que iba a acontecer en la historia. Así como se luchó en el cielo por estas profecías, antes de que llegaran aquí, de igual modo se luchará hasta el día en que Cristo regrese. Los escépticos odian la Palabra de Dios, y no saben qué hacer ante evidencias tan detalladas como las que encontramos en el capítulo 11 de este libro.

John Walvoord, un gran estudioso de la profecía bíblica, escribió: «Está claro que el tema aquí es si Dios es omnisciente sobre el futuro. Si lo es, la revelación puede ser tan detallada como Dios decida que sea; y la profecía detallada no resulta más difícil o increíble que las predicciones generales».[1]

Daniel había estado orando durante veintiún días. Había asumido que después de los setenta años de cautiverio, Dios restauraría al pueblo de Israel a su antiguo estado de gloria. En cambio, habían pasado casi tres años, y aunque era cierto que algunas personas habían regresado a la ciudad, no parecía estar sucediendo nada más. Solo se habían echado los cimientos del templo, y los judíos habían comenzado a luchar entre sí. Todo se detuvo. Daniel se sentía frustrado y decepcionado. *¿Qué estás haciendo, Dios?*

Así que finalmente llegó el ángel a la tierra y comenzó a decirle a Daniel lo que Dios tenía reservado para Su pueblo. Este enviado especial de Dios reveló la historia exacta de lo que le sucedería a la nación de Israel durante los próximos doscientos o trescientos años. Cuando miramos esas profecías hoy en día y vemos lo precisas y detalladas que son, y cómo se cumplieron totalmente, debemos tomar una decisión. O bien creemos que son de Dios o damos otra respuesta como han hecho algunos escépticos.

LA MISIÓN DEL ANGEL

El ángel tenía una misión. Mostrarle a Daniel lo que Dios dijo que le sucedería al mundo, especialmente a la nación de Israel, en el fin de los tiempos.

La primera profecía que el ángel le comunicó a Daniel se refería al futuro del gobierno persa. Daniel vivía en la época de los persas cuando el rey Ciro decretó el regreso de los judíos. La profecía dice: «Pero ahora voy a darte a conocer la verdad. Van a levantarse en Persia tres reyes más, y hasta un cuarto, el cual será más rico que los otros tres…» (Dn 11:2).

Sería como si una figura religiosa muy conocida en la actualidad recibiera la visita de un ángel que le comunicara los nombres de los próximos presidentes de Estados Unidos. Me pregunto cuántos tabloides imprimirían esa historia. Pero podemos probar la validez de las predicciones del ángel porque las cosas ocurrieron en la historia exactamente como él dijo.

Los reyes importantes que vinieron después de Ciro fueron, primero Cambises, su hijo. Después del primer heredero, el siguiente rey fue el falso Esmerdis. Este individuo era un impostor. Consiguió acceder al trono porque se parecía al hijo de Cambises, y usó su falsa identidad para convertirse en rey. Así que se le llamó El Falso Esmerdis.

El tercer rey fue Darío. El cuarto fue Jerjes, pero su otro nombre era Asuero. Este es el rey que se menciona en el Libro de Ester. Comandó uno de los ejércitos más grandes que el mundo haya conocido. Quería derrotar a Grecia, pero fue totalmente derrotado y enviado de vuelta a casa como un perro asustado. Después de la salida de Asuero, otro poderoso rey ocupó el centro del escenario, y es alguien que ya conocemos. Su nombre es Alejandro.

Surgirá entonces un rey muy aguerrido, el cual gobernará con lujo de fuerza y hará lo que mejor le parezca. Pero tan pronto como surja su imperio, se resquebrajará y se esparcirá hacia los cuatro vientos del cielo. Este imperio no será para sus descendientes, ni tendrá el poder que tuvo bajo su gobierno, porque Dios lo dividirá y se lo entregará a otros. (Dn 11:3-4)

Esto describe a Alejandro con precisión. Fue uno de los hombres más notables que jamás haya existido, y a los treinta y tres años ya tenía el control del mundo desde Europa hasta la India. Pero cuando murió, su reino se dividió en cuatro partes. La Biblia dice que su reino no sería para sus descendientes.

Alejandro tuvo un hijo ilegítimo y otro legítimo, este último nació después de su muerte. Su hermano era mentalmente discapacitado. Poco después de la muerte de Alejandro, los tres fueron asesinados.

Los generales que se disputaron el reino de Alejandro finalmente lo dividieron en cuatro partes: Macedonia, Asia Menor, Egipto y Siria. Uno de estos generales gobernó Egipto, que, si conocemos nuestra geografía, se encuentra al sur de Israel, y otro gobernó Siria, que está al norte. De Siria salió el primer rey del norte, y de Egipto el rey del sur. Estos dos reyes y sus sucesores les hicieron la vida miserable a los judíos, que quedaron atrapados entre la espada y la pared.

AÑOS DIFÍCILES PARA LOS JUDÍOS

Si un supuesto profeta de los tiempos modernos convocara una conferencia de prensa y anunciara a los medios de comunicación: «Prepárense para la primicia del siglo. Les voy a decir exactamente lo que ocurrirá en el Cercano Oriente durante los próximos doscientos años». Supongo que todo el mundo se iría, excepto los reporteros de la prensa sensacionalista.

En Daniel 11:5-35, se nos cuenta la historia detallada de casi doscientos años de lucha entre el rey del sur y el rey del norte. Algunos de estos sucesos parecen los de una telenovela, con hijas que son intercambiadas por favores, gente que es asesinada por celos y una esposa que es echada a un lado a causa de una amante más joven y más guapa.

La historia no es aburrida cuando vemos cómo cada suceso encaja en el rompecabezas de la profecía. Se incluyen todas las piezas para ver todo el cuadro. He aquí una parte de ese cuadro:

> El rey del sur cobrará fuerza, pero uno de sus comandantes se hará más fuerte que él, y con alarde de poder gobernará sobre su propio imperio. Pasados algunos años harán una alianza: la hija del rey del sur se casará con el rey del norte, y harán las paces, aunque ella no retendrá su poder, y el poder del rey tampoco durará. Ella será traicionada, junto con su escolta, su hijo y su esposo. (Dn 11:5-6)

¿Y qué pasó en realidad? Estos dos reyes peleaban constantemente entre sí. En aquellos tiempos había una forma interesante de resolver los desacuerdos. Si eras el rey del sur y no te llevabas bien con el rey del norte, tomabas a tu hija y se la ofrecías a tu oponente. Los gobernantes solían utilizar el matrimonio de sus hijas como un tratado de paz.

Entonces, el tercer rey de Siria, que se llamaba a sí mismo Antíoco el dios (Antíoco II Theos) un individuo de un ego desmesurado, decidió hacer un tratado con el rey del sur y casarse con la hija del rey de Egipto. Aunque había un pequeño inconveniente, ya estaba casado. Pero eso no le importó. Se divorció de su esposa y se casó con la hija del rey egipcio. La primera esposa de Antíoco se sintió muy ofendida, de modo que asesinó a la nueva esposa y a todos sus ayudantes. ¿Adivina qué hizo el rey? Tomó de nuevo a su primera esposa. Y tan pronto como se volvieron a casar, ella lo envenenó.

Tal como se expresa en los versículos citados antes, todos los involucrados resultaron perdedores: la hija del rey, todos sus ayudantes y el rey mismo. Y el intento de lograr la paz fracasó.

Sin embargo, el hermano de la princesa egipcia asesinada (v. 7, «uno de la familia real») inició otra guerra contra el rey del norte y ganó. Egipto y Siria se enfrentaron de nuevo, y la batalla se libró en suelo de Israel. El pobre Israel siempre quedaba atrapado en el medio, y parecía imposible que llegara la paz.

Mientras el ángel continuaba explicándole a Daniel las profecías, nuestro viejo amigo debe haber estado al borde de una conmoción. Generaciones de su pueblo estaban condenadas a perecer en los campos de batalla de estas naciones en guerra.

En los versículos 10-19, se nos habla de otro rey fuerte que intentó controlar y unir a Siria y Egipto. La historia nos cuenta que Antíoco el Grande era el rey del norte y tenía un poderoso ejército. Atacó a Egipto con 75.000 soldados y atravesó Israel para llegar allí.

Ciertamente no soy un estratega militar, pero las batallas fluctuantes que llevaron a cabo estos reyes son casi ridículas. El rey Egipto contratacó con 73.000 hombres, cinco mil soldados de caballería y setenta y tres elefantes. (Los elefantes fueron usados como arietes). Una vez más, Israel estaba entre ambas fuerzas ¿Te imaginas setenta y tres elefantes aplastando todo a su paso?

Antíoco el Grande no iba a ser vencido, pues tal como afirma la Escritura: «… el rey del norte reunirá a otro ejército, más numeroso y mejor armado que el anterior, y después de algunos años volverá a atacar al rey del sur. [...] las fuerzas del sur no podrán resistir; ¡ni siquiera sus mejores tropas podrán ofrecer resistencia! (Dn 11:13, 15).

¿Adónde fue el rey conquistador? «… se establecerá en nuestra hermosa tierra, la cual quedará bajo su dominio» (Dn 11:16). Los pobres judíos volvieron a ser pisoteados, y ni siquiera habían participado en el conflicto.

Pero Antíoco aún no estaba contento con sus victorias. Estaba decidido a unir Siria y Egipto bajo su mando, ¿qué hizo entonces? Por supuesto, decidió darle al rey de Egipto su hija, la cual era una mujer muy atractiva. Antíoco esperaba tener un espía en el palacio, alguien de su lado. Sin embargo, el plan se frustró porque su hija se enamoró del rey egipcio y se olvidó de papá.

Papá estaba enojado. Cuando el plan con su hija fracasó, se puso furioso. La profecía expresaba: «Dirigirá entonces sus ataques contra las ciudades costeras, y conquistará muchas de ellas, pero un general responderá a su insolencia y lo hará quedar en ridículo» (Dn 11:18). Antíoco se dirigió hacia las zonas costeras de Grecia, pero los ejércitos romanos, cuyo poder iba en ascenso, se interpusieron en su camino y fue derrotado. Por segunda vez se frustraron sus planes. La historia nos cuenta que regresó a sus ciudades e intentó saquear el templo de Júpiter en su propia tierra. Este era un individuo que hacía lo que tuviera que hacer con tal de obtener lo que quería. Murió a manos de su propia gente, por el enojo que causó su conducta. La Escritura afirma que «… sufrirá un tropiezo y no volverá a saberse nada de él» (Dn 11:19).

Antíoco fue derrotado y olvidado. La única razón por la que lo mencionamos es porque cumplió al pie de la letra el mensaje del ángel. Luego ocupó el trono un rey que para mantener el esplendor del reino envió a un recaudador de impuestos. No pasó mucho tiempo antes de que entrara en escena alguien que ya conocemos. Este cuarto gran rey (después de Asuero, Alejandro y Antíoco el Grande) fue el infame Antíoco Epífanes. Se dice que era un individuo «despreciable» y «vil». Lo describimos antes como el precursor del anticristo.

Antíoco Epífanes fue uno de los hombres más malvados que jamás haya existido. Llegó al poder mediante artimañas, y luego comenzó a asolar a los egipcios. Penetró en las provincias más ricas y robó todos los objetos de valor que pudo encontrar. Con el botín compró la lealtad de los renegados que necesitaba para perpetrar sus crímenes. Formó un ejército de mercenarios para marchar contra el rey del sur.

Finalmente, los reyes decidieron firmar un tratado de paz, el cual debía haber sido una artimaña, si tenemos en cuenta todos los acuerdos de paz anteriores. La Escritura afirma: «Sentados a la misma mesa, estos dos reyes pensarán solo en hacerse daño, y se mentirán el uno al otro…» (Dn 11:27).

Todo tratado de paz firmado desde el comienzo del mundo ha sido violado. Este era igual que los demás.

El rey del norte (Antíoco Epífanes) regresó a casa por un tiempo, pero todavía estaba decidido a invadir el sur de nuevo. Esta vez tendría otro enemigo, los «barcos de guerra de las costas occidentales». Algunos creen que es una referencia a la marina romana. En cualquier caso, sus planes fracasaron, y descargó su furia sobre los judíos. Desató una purga contra ellos tan vil que no es de extrañar que haya sido llamado Antíoco el Loco.

Sin embargo, si quieres leer algo que estremezca tu alma, lee los libros de los Macabeos en los deuterocanónicos. No son escrituras inspiradas, pero describen la revuelta de los Macabeos y los valientes hombres que lucharon contra Antíoco Epífanes. Se escondieron en las colinas. Cada vez que el loco intentaba moverse, caían en tropel sobre él. Finalmente, el gran patriota Judas Macabeo lideró la revuelta que puso fin al vil reinado de este hombre.

Esta parte de Daniel abarcó toda una era de la historia, y es otra área donde el libro está especialmente preparado para ser un campo de batalla entre la fe y la incredulidad.

ELEGIR EL BANDO

Recuerdo algo que aprendí hace años en la escuela dominical. Nuestros profesores colocaron dos sillas frente a la clase. En una había un cartel que decía «Naturalista» y en la otra uno que decía «Sobrenaturalista». Los profesores se dirigieron a los niños: «Chicos, algún día tendrán que decidir en cuál de estas dos sillas se sentarán. Si se sientan en la silla naturalista, van a querer resolverlo todo racionalmente y solo aceptarán aquellas cosas que hayan podido observar a través de lo que llamamos el proceso científico. Pero puede que en algún momento del camino decidan levantarse de esa silla y sentarse en la silla sobrenaturalista. Si lo hacen, estarán en sintonía con Génesis 1:1, que afirma: «Dios, en el principio…». Ahí es donde empieza todo».

Si creemos que Dios es capaz de crear el mundo, entonces ciertamente es capaz de profetizar con precisión una pequeña parte de la historia si quisiera darnos una idea de Su mente profética.

Hay personas que me han dicho: «Pastor Jeremiah, tengo que ser honesto con usted. No creo en estas cosas».

Se cuenta la historia de un hombre en Long Island que durante años soñó con tener un barómetro muy especial. Finalmente vio uno en un catálogo de venta por correo y lo compró. Cuando desembaló el instrumento, se desilusionó al ver que la aguja parecía atascada en la sección que decía «huracán». Lo sacó de la caja y lo sacudió con fuerza, pero no pudo hacer que funcionara correctamente. Entonces escribió una mordaz carta de protesta a la casa del catálogo y la echó en el buzón a la mañana siguiente cuando se dirigía a su oficina de Nueva York.

Esa noche, cuando regresó a Long Island, descubrió que tanto el barómetro como su casa habían desaparecido. El barómetro funcionaba correctamente. Hubo un huracán.

Hemos visto el cumplimiento exacto de las profecías dadas a través de Daniel. Ahora pasaremos a la etapa de la historia en la que las profecías son para un tiempo aún por llegar.

Independientemente de si creemos o no en estas profecías, lo que Dios ha dicho *se cumplirá*. ¿Estás preparado?

19

UN TIEMPO AÚN POR LLEGAR

Cuando Daniel oró, al acercarse el fin de los setenta años de cautiverio, pensó que la nación de Israel iba a ser inmediatamente restaurada a su lugar de gloria. Pero Dios le envió Su ángel con un mensaje sobre el futuro de Israel que no era alentador.

Todos los reyes del norte y del sur, los déspotas y los conquistadores que pisotearon la tierra de Palestina durante años, cumplieron literalmente la profecía que afirmaba que la tierra de Israel sería pisoteada por los gentiles hasta el tiempo del fin (Lc 21:24).

En los tiempos finales habrá otra influencia que llegará a esa tierra a través del dominio romano. Esta es la preparación para la cuenta regresiva de la batalla de Armagedón, y así como se han cumplido todas las profecías anteriores, de igual modo esta se cumplirá.

El ángel de la profecía llevó a Daniel de unos doscientos años en el futuro a más de dos mil años en el futuro. Aquí vemos a otro rey, el cual hace que Antíoco Epífanes parezca un colegial.

El rey hará lo que mejor le parezca. Se exaltará a sí mismo, se creerá superior a todos los dioses, y dirá cosas del Dios de dioses que nadie antes se atrevió a decir. Su éxito durará mientras la ira de Dios no llegue a su colmo, aunque lo que ha de suceder, sucederá. (Dn 11:36)

Este rey hará lo que le plazca, pues gobernará el mundo por un tiempo y generará una atmósfera de persecuciones, asesinatos, odios y confusión nunca antes vista en la historia. Este es el anticristo.

PREPARACIÓN PARA LA BATALLA DE ARMAGEDÓN

El mundo no es ajeno a la guerra. Desde el surgimiento de nuestra nación, hemos experimentado una gran guerra cada unos veinticinco años. Comenzamos con la guerra de Independencia en 1776, luego la guerra anglo-estadounidense de 1812, la guerra de Secesión, la guerra hispano-estadounidense, la Primera Guerra Mundial, la Segunda Guerra Mundial, la guerra de Corea, la guerra de Vietnam y la actual guerra contra el terrorismo. Apenas ha transcurrido una generación en la que esta supuesta nación cristiana no haya enviado a sus jóvenes a la guerra.

La Biblia dice que el desastre que marcará el fin de la civilización moderna será sin lugar a dudas una guerra llamada Armagedón. No será solo una guerra, sino una batalla que se librará en diferentes frentes. Hoy en día están teniendo lugar los preparativos para esa batalla.

La Biblia nos enseña que lo único que resta para que el anticristo comience su gobierno es la desaparición de todos los verdaderos creyentes en Jesucristo, es decir, el arrebatamiento de la iglesia. Cuando el Espíritu Santo sea contenido, en el sentido de que Él es la influencia que controla el mal en este mundo, entonces todo el infierno se desatará.

Apocalipsis 12:13 nos dice que cuando Satanás sea arrojado del cielo a la tierra en medio de la tribulación, comenzará inmediatamente a perseguir a la mujer que dio a luz al hijo varón; creo que esta mujer es la nación de Israel. Su propósito es destruir a los judíos. En estrecha cooperación con Satanás están el anticristo, que es la cabeza del renovado Imperio romano, y el falso profeta, que es la cabeza del gran sistema religioso. He aquí la trinidad impía. Podríamos estar muy cerca de este gran holocausto.

EL LUGAR DE LA BATALLA DE ARMAGEDÓN

Armagedón es una referencia al monte de Meguido, un lugar en el norte de Israel. Es una extensa llanura que se extiende desde el mar Mediterráneo hasta la parte norte del territorio de Israel. Napoleón manifestó en una ocasión que tal vez ningún otro lugar del mundo fuera un escenario tan apropiado para que los ejércitos del mundo se enfrentaran en una batalla.[1] Napoleón no era un profeta, ¡pero tenía razón en esto!

La batalla de Armagedón no se limita a la llanura de Meguido, sino que se extiende a diferentes lugares de Israel. Todo el territorio se verá afectado por el sangriento enfrentamiento. La Escritura afirma que la sangre fluirá a la altura de la brida de un caballo y se extenderá desde el extremo norte de Israel hasta el extremo sur. No se trata de una sola batalla que comenzará en un momento y terminará, sino de una campaña que implicará muchas batallas y escaramuzas en el fin de los tiempos.

EL PROPÓSITO DE LA BATALLA DE ARMAGEDÓN

Es horrible pensar en tal masacre, y no podemos leer esas palabras sin preguntarnos qué clase de Dios permitiría que tal baño de sangre tuviera lugar en Su mundo. ¿Por qué se va a producir una guerra mundial tan terrible?

Hemos visto que Daniel entristeció profundamente pues aquellos que volvieron a Jerusalén para reconstruir el templo cayeron poco después en el mismo tipo de pecado que antes los había llevado al cautiverio. Los judíos eran un pueblo terco y rebelde en lo que se refiere a su Dios. Dios le prometió a Daniel que aún no había terminado de juzgarlos. Llamamos a la tribulación el «tiempo de angustia para Jacob». Es el momento del castigo del pueblo judío por su rebelión.

Otra razón para la gran campaña de Armagedón es juzgar a las naciones por su persecución contra Israel. Dios ha prometido al pueblo judío que los que los persiguen serán perseguidos y los que los bendigan serán bendecidos. Dios es fiel a Su promesa. Las naciones que han perseguido a los judíos se reunirán finalmente en la batalla de Armagedón, y la ira de Dios se desatará sobre ellas.

Parece bastante extraño que Dios esté juzgando a los judíos, y luego se dé la vuelta y castigue a los que los tratan con dureza. Esto es solo un recordatorio de que el juicio pertenece al Señor y a nadie más. Él va a tratar con dureza a aquellos que no tratan a Su pueblo de manera justa.

Este será un momento en el que Dios juzgará a todas las naciones por sus pecados. Al ver cómo prolifera el mal en nuestros días, no solo en nuestra cultura, sino en las de otras naciones, me pregunto cuánto tiempo puede tardar Dios en hacer caer Su juicio sobre el mundo.

Algunos dicen: «Pero siempre ha sido así». No, ¡no siempre ha sido así! No creo que haya habido un momento en la historia de nuestro país en el que la inmoralidad haya sido tan desenfrenada como lo es hoy.

El mensaje de Daniel nos recuerda que aunque Dios pueda retrasar Su juicio, no dejará de aplicarlo. Uno de estos días, Él no tolerará más nuestros pecados, y habremos cruzado esa línea después de la cual ya no puede haber arrepentimiento.

Apocalipsis 16:9 expresa: «Todos sufrieron terribles quemaduras, pero ni así se arrepintieron; en vez de darle gloria a Dios, que tiene poder sobre esas plagas, maldijeron su nombre».

Incluso ante el horrible juicio que se asocia con Armagedón, la Escritura afirma que los hombres malvados que reciban el castigo de Dios continuarán maldiciéndolo en Su cara y no se arrepentirán.

La campaña de Armagedón es una especie de muestra visual de la ira de Dios desatada sobre aquellos que lo han rechazado.

LOS PARTICIPANTES EN LA BATALLA

El primer participante será una confederación de diez naciones bajo el liderazgo del anticristo. Ya hemos visto que el anticristo será la fuerza vital que permitirá reunir a todas las potencias europeas en una coalición de gobiernos.

A Daniel se le dio otra descripción de este infame personaje:

> Ese rey no tomará en cuenta a los dioses de sus antepasados, ni al dios que adoran las mujeres, ni a ningún otro dios, sino que se exaltará a sí mismo por encima de todos ellos. En su lugar, adorará al dios de las fortalezas; honrará a un dios que sus antepasados no conocieron, y le presentará costosas ofrendas de oro, plata y piedras preciosas. Con la ayuda de un dios extraño atacará las fortalezas más poderosas, y rendirá grandes honores a aquellos que lo reconozcan, pues en recompensa los pondrá como gobernadores de grandes multitudes y les dará tierras. (Dn 11:37-39)

Muchos se preguntan cuál será la posición de Estados Unidos cuando el anticristo lidere las naciones del renovado Imperio romano. El doctor Dwight Pentecost, un notable estudioso de la profecía bíblica, expresó lo siguiente:

¿Cuál es nuestro origen desde el punto de vista político, social, económico y lingüístico? Venimos de las naciones que originalmente pertenecían al Imperio romano. Nuestras costumbres y leyes provienen de ese trasfondo europeo, de las naciones que surgieron del Imperio romano. Daniel habla de esas naciones como los diez cuernos y los diez dedos de los pies que se unirán bajo el poder y la autoridad de la bestia. Aunque no somos uno de los diez en virtud de no haber surgido directamente del antiguo Imperio romano, podemos ser uno de los diez en virtud de nuestra herencia. Estados Unidos bien puede unir su suerte a la de Europa y participar de esta confederación de naciones que se verá envuelta en un conflicto, y será juzgada por el Señor en Su segunda venida. Resulta interesante notar que esta confederación de las naciones del antiguo Imperio romano incluye casi todas las naciones que son nominalmente cristianas.[2]

Pentecost escribió estas palabras muchos años antes de que los líderes estadounidenses comenzaran a hablar de una economía global y del nuevo orden mundial.

El segundo participante en las batallas del fin de los tiempos es el rey del norte, que incluye a las principales potencias del norte de Israel: Siria, Turquía y, por supuesto, el vasto territorio de Rusia.

El tercer miembro de este gran elenco son los reyes del este, de la zona más allá del Éufrates. Esto incluye a China, Japón y otros países de Asia.

Luego tenemos al Señor y Sus ejércitos. Veremos cómo encajan en este cuadro.

Finalmente, el último participante es Israel. Una de las cosas que más llama la atención de la batalla de Armagedón es que Israel vuelve a mostrarse pasivo. Ha sido atacado e invadido por todas las demás naciones, pero en la campaña final Israel está inactivo. Esto resulta extraño a la luz de lo que sabemos hoy sobre Israel y su asombroso poderío tecnológico y militar. En el tiempo del fin Israel es casi un espectador mientras su nación es pisoteada por última vez.

LA SECUENCIA DE LOS ACONTECIMIENTOS

El primer y más importante suceso es el pacto que se firmará entre el anticristo e Israel. Según Daniel 9:27, el futuro gobernante hará un pacto con la nación de Israel. Se acercará al pueblo judío al principio del período de la tribulación y les prometerá que podrán volver a sus sacrificios, a la adoración en el templo y al judaísmo tal como una vez lo conocieron en los días de gloria. Los judíos creerán que es cierto. Este gobernante, que es el jefe de la confederación europea, también hará un tratado entre todas las naciones europeas e Israel, para garantizar la protección de Israel. Como resultado, los judíos descuidarán su propia defensa, bajarán sus armas y se sentirán confiados. Justo cuando estén más confiados en su paz, algo va a suceder.

¿Por qué los judíos descuidarán su defensa? Porque el anticristo les asegurará que todo marcha bien; ¡que él los está cuidando personalmente! Mientras el anticristo y su coalición supuestamente protegen a Israel, el rey del norte (Rusia y sus aliados) y el rey del sur (las potencias del norte de África) decidirán enfrentarse al anticristo y a su coalición.

> Pero al cabo del tiempo el rey del sur contenderá con él; y el rey del norte se levantará contra él como una tempestad, con carros y gente de a caballo, y muchas naves. (Dn 11:40, RVR1960)

Aquí está a punto de aparecer el siguiente jugador en este drama final. «Sin embargo, le llegarán noticias alarmantes del este y del norte…» (Dn. 11:44). Las noticias del oriente son los ejércitos que marcharán a través del lecho seco del río Éufrates con 200 millones de soldados, según nos dice Apocalipsis.

Ahora el escenario está listo. Justo en el momento en que Israel y Jerusalén están a punto de ser atacados y su aniquilación parece segura, tiene lugar la batalla de Armagedón. Mientras escribo estas palabras, ¡siento ganas de gritar!

Así es como termina:

> Luego vi el cielo abierto, y apareció un caballo blanco. Su jinete se llama Fiel y Verdadero. Con justicia dicta sentencia y hace la guerra. Sus ojos resplandecen como llamas de fuego, y muchas diademas ciñen su cabeza. Lleva escrito un nombre que nadie conoce sino solo él. Está vestido de un manto teñido en sangre, y su nombre es «el Verbo de Dios». Lo siguen los ejércitos del cielo, montados en caballos blancos y vestidos de lino fino, blanco y limpio. De su boca sale una espada afilada, con la que herirá a las naciones. «Las gobernará con puño de hierro». Él mismo exprime uvas en el lagar del furor del castigo que viene de Dios Todopoderoso. En su manto y sobre el muslo lleva escrito este nombre: Rey de reyes y SEÑOR de señores. (Ap 19:11-16)

Cuando las naciones reunidas contra Jerusalén vean que los ejércitos del Señor en el cielo vienen contra ellas, se olvidarán de que están en guerra unas con otras. Se unirán y decidirán luchar contra el Señor.

Estos ejércitos con sus líderes militares y su avanzada tecnología no tendrán la más pequeña posibilidad de éxito. Cuando el anticristo y el falso profeta sean capturados, ambos serán lanzados vivos al lago de fuego.

> Los demás fueron exterminados por la espada que salía de la boca del que montaba a caballo, y todas las aves se hartaron de la carne de ellos. (Ap 19:21)

La Biblia afirma que inmediatamente después de la conquista, las naciones se establecerán como Su reino en esta tierra.

Al leer las noticias de hoy, podemos notar que Dios va poniendo todo en su lugar para dar inicio a los acontecimientos finales. ¿Cuál es nuestra respuesta? Necesitamos pedirle a Dios que genere en nosotros una sensación de santa urgencia por la causa de Jesucristo, ¡basada en lo inminente de Su pronta venida!

EL FIN DE LOS TIEMPOS

Cuando era niño, solía ver la serie *Alfred Hitchcock presenta* en la televisión en blanco y negro. Sus complejas tramas de misterio a veces me dejaban en suspenso a tal punto que recorría toda la casa murmurando: «No es justo dejar a alguien así, sin saber lo que está sucediendo». (Solo utilizo esa frase en sentido figurado).

Cuando llegamos al final del Libro de Daniel, sentimos un profundo deseo de saber cómo va a terminar todo. A Daniel se le comunicó que se avecinaban días muy difíciles para su pueblo, y sabía que una terrible batalla tendría lugar en el país que amaba. El final de su visión del futuro, que comenzó en el capítulo 10 y le fue transmitida por el ángel mensajero, tiene su clímax en la tribulación y la resurrección que le sigue.

El capítulo 11 de Daniel trata principalmente de los aspectos políticos y religiosos del fin de los tiempos. El capítulo 12 y final relaciona este mismo período con el pueblo de Israel, lo que le sucederá y el significado que eso tiene para nosotros.

UN DOLOR MUY GRANDE

Esto es lo que leemos en Daniel 12:1: «Entonces se levantará Miguel, el gran príncipe protector de tu pueblo. Habrá un período de angustia, como no lo ha habido jamás desde que las naciones existen…».

Antes de que Daniel fuera llevado cautivo a Babilonia, en Jerusalén vivió otro gran profeta. Dios habló a través de él sobre esta época:

> Porque vienen días —afirma el Señor— cuando yo haré volver del cautiverio a mi pueblo Israel y Judá, y los traeré a la tierra que di a sus antepasados, y la poseerán, afirma el Señor.
>
> Esto fue lo que el Señor le dijo a Jeremías acerca de Israel y Judá: «Así dice el Señor:
>
> »"Hemos escuchado un grito de espanto;
> no hay paz, sino terror.
> Pregunten y vean
> si acaso los varones dan a luz.
> ¿Por qué, pues, veo a todos los hombres
> con las manos sobre las caderas,
> como mujeres con dolores de parto?
> ¿Por qué han palidecido
> todos los rostros?
> ¡Ay! Será un día terrible,
> un día que no tiene parangón.
> Será un tiempo de angustia para Jacob,
> pero será librado de ella…". (Jer 30:3-7)

El tiempo de angustia para Jacob será como si una nación entera sufriera la increíble agonía del parto, algo que solo una mujer que ha dado a luz puede entender. No creo que haya nada más insoportable que el dolor que sufre una mujer al tener un bebé. Sé que algunos hombres han asistido a las clases previas al alumbramiento e incluso han estado en la sala de partos y han participado de esa hermosa experiencia. Yo no lo he hecho. En realidad, cuando nació nuestro último hijo, mientras mi esposa iba camino a la sala de partos, el doctor le preguntó a la enfermera: «¿Está lista?». La enfermera le respondió: «No, pero no creo que su marido aguante mucho más». No soporto ver sufrir a quien amo, y creo que si Dios no borrara milagrosamente el dolor del parto de la mente de las mujeres, difícilmente alguna pudiera tener más de un hijo.

En el capítulo 24 de Mateo, Jesús afirmó que la tribulación sería un tiempo de angustia como no lo había habido desde el principio del mundo hasta ese momento, ni lo habría jamás.

En Apocalipsis 6–19 el apóstol Juan habla de la guerra, la hambruna, la muerte del veinticinco por ciento del mundo, la destrucción de un tercio de la tierra y el mar, la contaminación del agua dulce, la liberación de demonios del infierno que invadirán la tierra y otros sucesos aún más espantosos.

La tribulación no es simplemente que vamos a tener más problemas de los que tenemos ahora. La Biblia es demasiado gráfica al respecto para llevarnos esa idea.

EL SUPERÁNGEL REGRESA

Cuando hay algún conflicto, Miguel siempre parece estar presente. En la epístola de Judas, del Nuevo Testamento, se dice que Miguel tuvo un enfrentamiento personal con el mismo diablo. Ahora aparece aquí en la batalla por Israel. La Biblia afirma que él protegerá al pueblo.

Aunque Daniel no conocía los detalles, se le dio una idea de lo que Juan escribiría más de seiscientos años después en el capítulo 12 de Apocalipsis. Satanás odia a Israel porque el Redentor vino al mundo en esa nación. Trató de evitar que el Señor Jesús naciera, e hizo todo lo posible para destruirlo. En el período de la tribulación, Satanás desatará su furia sobre la nación judía. Los antisemitas están en mala compañía junto al antisemita original, el propio Satanás. El período de la tribulación es el último intento de Satanás para borrar a Israel de la faz de la tierra.

Mientras en la tierra se desarrolla la tribulación, Miguel y el dragón (Satanás y su horda de ángeles malignos) se enfrentarán en los cielos. Una vez más, el príncipe de Israel está protegiendo a «tu pueblo».

¿QUIÉNES SON «TU PUEBLO»?

«Pero en aquel tiempo será libertado tu pueblo, todos los que se hallen escritos en el libro» (Dn 12:1, RVR1960).

Sabemos que el período de tiempo es la tribulación, y que el príncipe de Israel es Miguel, que está haciendo todo lo posible para defender la causa de los hijos de Israel. En realidad hay tres categorías de personas que son hijos de Israel. Primero están los rescatados, luego los resucitados y finalmente los recompensados. Cada judío y gentil del mundo debería ser alertado sobre el destino del pueblo elegido de Dios.

La Biblia afirma que algunos de los judíos serán rescatados durante el período de la tribulación. Habrá cientos de miles de ellos que serán asesinados durante esa etapa, pero algunos se salvarán, y establecerán el reino en el milenio.

El profeta Jeremías expresó:

> Porque yo estoy contigo para salvarte
> —afirma el SEÑOR—.
> Destruiré por completo a todas las naciones
> entre las que te había dispersado.
> Pero a ti no te destruiré del todo,

sino que te castigaré con justicia;
¡de ninguna manera quedarás impune!" (Jer 30:11; ver
también Ez 20:33-38)

Durante el período de la tribulación, los judíos incrédulos, aquellos que no honran a Dios, serán destruidos, pero quedará un número determinado de ellos. Lo sorprendente (aunque ya no debería sorprendernos lo detallado de la profecía) es que la Biblia nos dice exactamente cuántos judíos sobrevivirán la tribulación sin ser tocados por el juicio de Dios. Esto es lo que expresó el profeta Zacarías:

Las dos terceras partes del país
serán abatidas y perecerán;
solo una tercera parte quedará con vida
—afirma el Señor —.
Pero a esa parte restante la pasaré por el fuego;
la refinaré como se refina la plata,
la probaré como se prueba el oro.
Entonces ellos me invocarán
y yo les responderé.
Yo diré: "Ellos son mi pueblo",
y ellos dirán: "El Señor es nuestro Dios". (Zac 13:8-9)

Creo que uno de los versículos más difíciles de entender de la Biblia es el que dice en el fin de los tiempos, «todo Israel será salvo» (Ro 11:26). Eso me ha desconcertado porque Dios no obra de esa manera. No salva a las naciones, sino a los individuos. Pero ahora comprendo, porque lo que Dios nos dice es que en un momento determinado de la tribulación, los únicos judíos que quedarán serán los que hayan creído en el Mesías. Así que *todo* Israel será salvo.

El propósito del período de la tribulación, en lo que respecta a los judíos, es purgar esa parte rebelde de la nación judía y acabar con el judaísmo apóstata. Lo que queda al final de ese período es la justa nación de Israel que finalmente entrará en el milenio con Jesucristo como Rey.

Un tercio de los judíos serán rescatados.

La segunda categoría son aquellas personas que resucitarán: «Del polvo de la tierra se levantarán las multitudes de los que duermen, algunos de ellos para vivir por siempre, pero otros para quedar en la vergüenza y en la confusión perpetuas» (Dn 12:2).

Hay una vieja melodía espiritual que habla de «esa gran mañana en que se levantarán», y describe a todo el mundo levantándose de sus tumbas. Es una gran canción, pero no es bíblica, porque la Biblia no enseña una resurrección general.

La primera resurrección que la Biblia enseña es la resurrección de Cristo. Cuando resucitó, se convirtió en la garantía de que algún día resucitaremos (1 Co 15:12-20). Si morimos antes de la segunda venida de Jesucristo, la Biblia dice que algún día resucitaremos: «El Señor mismo descenderá del cielo con voz de mando, con voz de arcángel y con trompeta de Dios, y los muertos en Cristo resucitarán primero. Luego los que estemos vivos, los que hayamos quedado, seremos arrebatados junto con ellos en las nubes para encontrarnos con el Señor en el aire. Y así estaremos con el Señor para siempre» (1 Ts 4:16-17).

La tercera resurrección de las personas salvas de Dios ocurre al final del período de la tribulación (Ap 21:4). En esa resurrección, todos los santos del Antiguo Testamento resucitan, así como todos los que murieron durante el período de la tribulación. Por lo tanto, la resurrección de los que son salvos ocurre en tres grupos: Cristo, la iglesia y los santos del Antiguo Testamento junto con los que murieron en la tribulación. Esta es la resurrección de los justos.

La segunda parte de la resurrección es la de los injustos. En Daniel 12, la primera resurrección es «para vivir por siempre», pero luego añade: «otros para quedar en la vergüenza y en la confusión perpetuas».

Al final del milenio todos los muertos que no son salvos resucitan e inmediatamente se presentan ante el juicio del gran trono blanco (Ap 20:11-12). Daniel no vio esto como lo vemos nosotros, porque desde el fin de la primera resurrección hasta la segunda transcurrirán mil años. Cuando los profetas vieron el futuro, no vieron los períodos de tiempo que transcurrirían entre una profecía y la siguiente. Cuando Dios termine de resucitar, nadie quedará en la tumba, la Biblia es muy clara al respecto.

Cuando el ángel le habla a Daniel sobre «tu pueblo», se refiere a los rescatados, a los resucitados y al último grupo, los recompensados: «Los sabios resplandecerán con el brillo de la bóveda celeste; los que instruyen a las multitudes en el camino de la justicia brillarán como las estrellas por toda la eternidad» (Dn 12:3).

En medio de todas las dificultades, el horror de la tribulación, Dios ha reservado algunas cosas especiales para aquellos que le sirven. ¡Afirma que se convertirán en estrellas en Su galaxia!

Creo que aquí la palabra *sabio* quiere decir maestro. Dios afirma que durante ese período de terribles problemas en la nación judía, Él va a levantar a algunos que serán maestros de justicia. ¿Puedes imaginar lo que tendrá que enfrentar una persona que se levante con la Biblia en la mano en el período de la tribulación para declarar la justicia de Dios? Esas personas sabrán que cuando enseñen la verdad de Dios, sus cabezas podrán rodar en cualquier momento. Hay un lugar especial en el reino de Dios para aquellos que enseñan con precisión el Libro sagrado de Dios.

Creo que el segundo grupo de personas serán aquellas que evangelicen durante la tribulación, que lleven a otras personas a un conocimiento salvador de Cristo. Hablamos de lo difícil que es hoy en día compartir nuestra fe. ¿Por qué es difícil? Porque somos cobardes. Nos duele el rechazo. ¿Puedes imaginar cómo será dar testimonio en ese período, con la amenaza de la pena de muerte para todo aquel que no obedezca al anticristo? Esas personas especiales serán estrellas.

En el sur de California donde vivo, se hace mucho énfasis en las celebridades. ¿Pero sabes qué? Dentro de diez años nadie pensará en las actuales. Pueden ser un recuerdo agradable o desagradable, pero el público seguirá a la nueva celebridad que aparezca.

El programa de Dios es diferente. Uno de mis pastores favoritos fue W. A. Criswell. Tenía una forma peculiar de enfocar las cosas. Escribió: «¿Quiénes son los grandes de Dios? ¿Quiénes son estos que brillarán por toda la eternidad? No son aquellos a quienes el mundo magnifica, exalta y aplaude. Por el contrario, son las personas más humildes de Dios que guían a los demás hacía Jesús. Creo que esta es una de las cosas más importantes que Dios nos revela en Su Palabra. Que la nobleza del mundo es fugaz, transitoria, desaparece como la neblina».[1]

¿No es emocionante que en medio de este momento difícil para Israel, cuando todo es sombrío y se pierde la esperanza, Dios diga que habrá algunos que serán maestros de justicia y algunos que serán evangelistas? Los que sean fieles en ese terrible momento serán colocados como estrellas en la gran galaxia, y nunca dejarán de brillar.

Dios nunca permitirá que Su pueblo quede sin recompensa.

CONCLUYE EL LIBRO, DANIEL

Al principio de este libro, afirmamos que Daniel nos enseña que Dios tiene el control. Está en el trono. Nada sucede accidentalmente ante Dios. Los reinos pueden surgir y caer, pero el reino de Dios es eterno.

Creo que necesitamos una perspectiva profética de la vida. Si no tenemos esa perspectiva, cometeremos el error de intentar hacer las cosas que Dios dice que solo Él puede hacer, buscaremos controlar los reinos de este mundo y manipularlos a nuestra manera.

Daniel tuvo un claro entendimiento de la soberanía de Dios a través de la profecía sobre los Imperios babilónico, medo-persa, griego y romano, y la predicción del momento en que Dios pondrá fin al plan de Satanás.

En sus últimas palabras, Daniel reconoció dos veces que mucho de lo que Dios le había enseñado no lo comprendía.

Dios le dijo a Daniel: «Tú, Daniel, guarda estas cosas en secreto y sella el libro hasta la hora final, pues muchos andarán de un lado a otro en busca de cualquier conocimiento» (Dn 12:4). Dios quería expresar varias cosas con esto. «Daniel, ya no hay más información en camino. Esta es la última palabra. Ponle un punto final al libro». Y también: «Asegúrate de que este libro se conserve, pues va a tener un gran significado en un momento del futuro».

Habrá un tiempo futuro en el que la comprensión del Libro de Daniel será aún mayor que en la actualidad. Creo que esto ocurrirá durante el fin de los tiempos, cuando muchos andarán de un lado a otro para tratar de entender lo que sucede en su mundo. Finalmente, van a descubrir las respuestas a sus preguntas en este libro que hemos estudiado.

Estoy convencido de que durante la tribulación el Libro de Daniel será la lectura más importante para mucha gente. Imagina a una persona inocente que no sabe mucho de la Palabra de Dios y se encuentra en medio de ese infierno en la tierra. Preguntará: «¿Alguien puede decirme qué está pasando?» Y alguien le responderá: «Déjame darte este libro. Es la escritura de un viejo sabio llamado Daniel».

Creo que en el período de la tribulación se impartirán algunas clases sobre Daniel como nunca has oído en tu vida. Ellos podrán entender mejor que nosotros, porque mientras lo leen, los acontecimientos se irán desarrollando ante ellos.

Se colocó el sello profético en el Libro de Daniel.

Mientras el profeta recibía su última visión del ángel a orillas del Tigris, de repente levantó la mirada y vio otros dos ángeles, uno a cada lado del río. Debe haber cerrado los ojos y mirado de nuevo, porque sobre las aguas del río también había un hombre vestido de lino. Los ángeles comenzaron a hacer preguntas que probablemente Daniel hubiera querido hacer. Uno preguntó: «… ¿Cuánto falta para que se cumplan estas cosas tan increíbles?» (Dn 12:6).

Creo que los ángeles querían decir: «¿Cuánto tiempo vamos a tener que seguir con esto? Nos gustaría que nos licenciaran; nos estamos cansando de luchar contra los demonios».

El ángel respondió: «… Durará un tiempo, dos tiempos y medio tiempo. Todas estas cosas se cumplirán cuando la fuerza del pueblo santo quede totalmente quebrantada» (Dn 12:7, BLPH).

El ángel afirmó que durante la tribulación la fuerza del pueblo de Israel quedará totalmente quebrantada. Los judíos rebeldes y desobedientes que se niegan a abrazar al Señor Jesús como su Mesías serán destruidos, pero un tercio de ellos se salvará.

Daniel, este gran profeta, no lo entendió. Y el ángel le respondió de una manera asombrosa.

> Y él me respondió: "Sigue adelante, Daniel, que estas cosas se mantendrán selladas y en secreto hasta que llegue la hora final. Muchos serán purificados y perfeccionados, y quedarán limpios, pero los malvados seguirán en su maldad. Ninguno de ellos entenderá nada, pero los sabios lo entenderán todo". (Dn 12:9-10)

El ángel le hizo saber a Daniel que no le iba a dar más información. Le dijo: «Mira, Daniel, no hay tiempo para preocupaciones ociosas en el terreno profético». ¡Cuán necesarias son esas palabras en la actualidad! Muchos hacen hoy grandes sumas de dinero con el tema de la profecía, y afirman que el arrebatamiento ocurrirá en un momento determinado. La verdad es que no lo sabemos. Mucha gente se deja llevar por toda esa locura de fijar fechas. No debemos caer en esa trampa.

Me parece que Daniel 12:10 es el mejor comentario sobre nuestra sociedad que he leído en mucho tiempo. «Muchos serán purificados y perfeccionados, y quedarán limpios…». Las personas se están acercando a Cristo en todo el mundo. Algunos incluso creen que este es el comienzo de un gran y amplio avivamiento: «… pero los malvados seguirán en su maldad. Ninguno de ellos entenderá nada, pero los sabios lo entenderán todo» (Dan. 12:10). Nunca hubo un momento en el que haya habido más maldad que ahora. Los malvados pueden incluso escuchar el evangelio, pero no tienen ni idea de lo que significa para ellos.

PROBLEMAS CON LOS NÚMEROS

El Señor continuó respondiendo a la pregunta de Daniel sobre el resultado de todo esto. Y finalizó con unos desconcertantes números:

> A partir del momento en que se suspenda el sacrificio diario y se imponga el horrible sacrilegio, transcurrirán mil doscientos noventa días. ¡Dichoso el que espere a que hayan transcurrido mil trescientos treinta y cinco días! (Dn 12:11-12)

Sabemos que a mitad del período de la tribulación, se impondrá el horrible sacrilegio. Anteriormente vimos muchos números en este libro, y hemos tratado de hacer que todos encajen. Pero los 1.290 días no coinciden con los 1.260 días que hemos visto antes. Pregunto entonces: «Señor, ¿de dónde viene este otro mes?». Luego se nos dice que el fin vendrá después de 1.335 días. Aquí se incluyen cuarentaicinco días adicionales. Tengo algunas conjeturas santificadas, pero no creo que sea sabio teorizar. Puedo darme cuenta por qué Daniel expresó: «Aunque escuché […] no pude entenderlo…» (Dn 12:8).

Dios tiene un plan, y cuando esté listo para revelarlo, lo hará.

¡PARTICIPA ACTIVAMENTE!

Dios le dijo a Daniel tres cosas al final de la profecía. Eso es lo que quiere decirnos hoy. «En cuanto a ti, sigue tu camino hasta el final. Descansarás y, entonces, al final de los días, te levantarás para recibir la herencia que ha sido guardada para ti» (Dn 12:13, NTV).

Daniel tenía más de noventa años. Se acercaba el final de su vida. Dios le había comunicado toda esta maravillosa verdad, y ahora la profecía había llegado a su fin. Le dijo: «Vuelve a lo que debes estar haciendo. Participa. Cuida de tus responsabilidades».

Cuando estudiamos la profecía, nos entusiasmamos tanto con su misterio que olvidamos centrarnos en la razón de nuestro estudio. Dios quiere que nos sintamos motivados y que compartamos este conocimiento con los demás, que tomemos parte en las vidas de los demás y que les transmitamos estas verdades eternas.

Luego Dios le dijo a Daniel: «Mereces descansar, amigo mío. Pero vas a resucitar. ¡Un día te levantarás!».

Qué gran promesa. El largo, extraño y maravilloso viaje de Daniel estaba a punto de concluir. Ya no recibiría los ataques de crueles y envidiosos funcionarios. Ya no sería arrojado al foso de los leones hambrientos. Su alma justa dejaría de sufrir por los pecados de los judíos y los gentiles. Daniel descansaría y esperaría la mañana de la resurrección, cuando será abundantemente recompensado por su maravilloso Redentor y Rey.

Cuando nuestro trabajo esté hecho, que oigamos las maravillosas palabras de nuestro Señor: «Descansa».

Por último, está la promesa de la recompensa. Dios le dijo a Daniel que recibiría una herencia al final de sus días.

Sabemos que Daniel pasó la mayor parte de su vida lejos de su patria, en una cultura extranjera. Murió en el exilio, pero algún día, afirmó Dios, sería parte de la redistribución de la tierra en la era del reino. Daniel tenía un lugar especial para estar junto al Señor.

Al final de su viaje, Dios le hizo otra maravillosa promesa a Daniel. Y Dios nos ha dicho que también podemos tener un lugar especial.

Vivimos en el fin de los tiempos. ¿Aprendimos de la experiencia de este hombre que vivió hace más de 2.500 años?

Luego de este recorrido con Daniel, deberíamos ser capaces de leer la escritura en la pared, como hizo él hace tantos siglos.

NOTAS

CAPÍTULO 1: UN PROFETA PARA NUESTRO TIEMPO
1. Joan Brown, *Corrie–The Lives She's Touched* (Old Tappan, NJ: Fleming H. Revell, 1979), p. 14.

CAPÍTULO 2: BREVE RESUMEN DE LA HISTORIA
1. Allan Bloom, *El cierre de la mente moderna* (Barcelona: Plaza & Janés, 1989), pp. 18-19 en la versión original en inglés.

CAPÍTULO 3: EL ENTRENAMIENTO DE UN CAMPEÓN
1. Horatio Richmond Palmer, «Have Courage to Say No!», 1887.

CAPÍTULO 4: SUEÑOS NOCTURNOS Y VISIONES DIURNAS
1. Graham Scroggie, citado por Geoffrey King, *Daniel: A Detailed Explanation of the Book* (Londres: Henry E. Walker, 1966), p. 31.
2. Ruth Bell Graham, *Sitting by My Laughing Fire* (Waco, TX: Word, 1977), p. 32.
3. Edward Gibbon, *Historia de la decadencia y caída del imperio romano*, citado por Joseph A. Seiss, *Voices from Babylon* (Filadelfia, PA: Castle Press, 1879).
4. Alexander Fraser Tytler, *Decline and Fall of the Athenian Republic*, (1748-1813), s. l., s. d.
5. Franklin Belden, «Look for the Way-Marks», *Traditionalmusic. co.uk*, 1886.

CAPÍTULO 5: CUANDO CRISTO GOBIERNE EL MUNDO

1. Charles Wesley, «Lo, He Comes with Clouds Descending», *The Celebration Hymnal* (Word Music/Integrity, 1977).

CAPÍTULO 6: UNA FE ARDIENTE

1. *The Nineteenth Century and After*, Vol. 121 (Nueva York, NY: Leonard Scott Publishing Company, 1937), p. 154.
2. *Ibid.*
3. John Calvin, editado por Anthony Uyl, *Harmony of the Law— Volume II* (Woodstock, Ontario: Devoted Publishing, 2018), p. 107.
4. G. A. Studdert Kennedy, *The Hardest Part* (Charleston, SC: Bibliolife, 2009) pp. 110-111.
5. Citado en W. A. Criswell, «For God Forever», W. A. Criswell Sermon Library, 7 junio 1970: https://www.wacriswell.com/sermons/1970/for-god-forever/.

CAPÍTULO 7: EL EVANGELIO SEGÚN NABUCODONOSOR

1. Billy Graham, *Peace with God: The Secret of Happiness* (Nashville, TN: Thomas Nelson, 2009) p. 26.

CAPÍTULO 8: TE HA LLEGADO LA HORA

1. Joseph A. Seiss, *Voices from Babylon* (Filadelfia, PA: Castle Press, 1879), p. 59.
2. Joseph Parker, *Preaching Through the Bible* (Grand Rapids, MI: Baker Books, 1960), pp. 63-64.
3. Knowles Shaw, «The Handwriting on the Wall», 1877.

CAPÍTULO 9: LA INTRIGA POLÍTICA

1. Alexander McClaren, *Expositions of Holy Scripture* (Londres: Hodder & Stoughton, 1908).
2. Charles H. Spurgeon, «Clean Inside and Out», 21 julio 2018: dailyintheword.org/rooted/clean-inside-and-out.
3. Sam Foss, «Cyrus Brown's Prayer», *Sourcebook of Poetry*, compilado por Al Bryant (Grand Rapids, MI: Zondervan Publishing Co., 1963), pp. 72-74.

CAPÍTULO 10: EL GRAN RESCATE

1. William Shakespeare, «La tragedia de Julio Cesar», Escena 1: Roma.
2. Annie Johnson Flint según se cita en J. Oswald Sanders, *Robust in Faith: Men from God's School* (Chicago, IL: Moody Press, 1965), p. 169.
3. John Bunyan, *Gracia abundante para el mayor de los pecadores* (Barcelona: CLIE, 1983), p. 123 en la versión original en inglés.

CAPÍTULO 11: EL EXTRAORDINARIO PLAN DE DIOS PARA LAS NACIONES

1. John F. Walvoord, «Chapter 7: Daniel's Vision of Future World History», consultado 8 octubre 2018: https://walvoord.com/article/248#P925_393794.

CAPÍTULO 14: DE RODILLAS

1. E. M. Blaiklock, *The Positive Power of Prayer* (Glendale, CA: Regal, 1974), p. 43.
2. Mark Fackler, "The World Has Yet to See…", *Christian History*, consultado 9 octubre 2018: https://www.christianitytoday.com/history/issues/issue-25/world-has-yet-to-see.html.

CAPÍTULO 15: DESENTRAÑAR LA PALABRA PROFÉTICA

1. «Our Story», *Chosen People Ministries*, consultado 9 octubre 2018: https://www.chosenpeople.com/site/our-mission-statement/our-story/.
2. Isaac Newton, *Observations upon the Prophecies of Daniel and the Apocalypse of St. John* (Londres: J. Darby y T. Browne, 1733).

CAPÍTULO 17: EL PODER DEL DEMONIO

1. Adaptado de Donald Campbell, *Daniel: God's Man in a Secular Society* (Grand Rapids, MI: Discovery House, 1988), p. 153.
2. Merrill F. Unger, *Biblical Demonology: A Study of the Spiritual Forces behind the Present World Unrest* (Wheaton, IL: Van Kampen Press, Inc., 1952), p. 197.

CAPÍTULO 18: EL CAMPO DE BATALLA EN TORNO A DANIEL

1. John F. Walvoord, *Daniel: The Key to Prophetic Revelation* (Chicago, IL: The Moody Bible Institute of Chicago, 1971), p. 253.

CAPÍTULO 19: UN TIEMPO AÚN POR LLEGAR

1. Vernon J. McGee, *Through the Bible, vol. 3* (Nashville, TN: Thomas Nelson, Inc., 1982), p. 513.
2. Dwight Pentecost, *Will Man Survive?* (Chicago, IL: Moody Press, 1971), pp. 130-131.

CAPÍTULO 20: EL FIN DE LOS TIEMPOS

1. W. A. Criswell, *Expository Sermons on the Book of Daniel* (Grand Rapids, MI.: Zondervan Publishing Co., 1972), p. 137.

BIBLIOGRAFÍA RECOMENDADA

Anderson, Robert. *The Coming Prince*. Grand Rapids, Mich.: Kregel, 1954.

Bainton, Roland H. *Here I Stand*. Nueva York: New American Library, 1950.

Blair, J. Allen. Living Courageously. Neptune, N. J.: Loizeux Brothers, 1971.

Bloom, Allan. *The Closing of the American Mind*. Nueva York: Simon & Schuster, 1987.

Brown, Joan. *Corrie—The Lives She's Touched*. Old Tappan, N. J.: Fleming H. Revell, 1979.

Criswell, W. A. *Expository Sermons on the Book of Daniel*. Grand Rapids, Mich.: Zondervan Publishing Co., 1972.

Flint, Annie Johnson. «Sometimes». In *Treasury of 400 Quotable Poems*, recopilado por Croft M. Pentz. Grand Rapids, Mich.: Zondervan Publishing Co., 1963.

Foss, Sam. «Cyrus Brown's Prayer». In *Sourcebook of Poetry*, recopilado por Al Bryant. Grand Rapids, Mich.: Zondervan Publishing Co., 1963.

Foxe, John. *Foxe's Book of Martyrs*. Editado por Wm. Byrur Forbust. Filadelfia: John C. Winston Co., 1926.

Gibbon, Edward. *The Decline and Fall of the Roman Empire*, citado por Joseph A. Seiss, *Voices from Babylon*. Filadelfia: Castle Press, 1879.

Graham, Ruth Bell. *Sitting by My Laughing Fire*. Waco, Tex.: Word, 1977.

Heslop, W. G. *Diamonds from Daniel*. Grand Rapids, Mich.: Kregel Publications, 1976.

Jeremiah, David. *Escape the Coming Night*. Dallas: Word Publishing, 1990.

Jerome. *Commentary on Daniel*. Traducido por Gleason L. Archer, Jr. Grand Rapids, Mich.: Baker Books, 1959.

King, Geoffrey. *Daniel, A Detailed Explanation of the Book*. London: Henry Walter, 1966.

McClaren, Alexander. *Expositions of Holy Scripture*. London: Hodder & Stoughton, 1908.

Packer, J. I. *Knowing God*. Downers Grove, Ill.: InterVarsity Press, 1973.

Parker, Joseph. *Preaching Through the Bible*. Grand Rapids, Mich.: Baker Books, 1960.

Pentecost, Dwight. *Will Man Survive?* Chicago: Moody Press, 1971.

Scroggie, Graham, citado por Geoffrey King, *Daniel, A Detailed Explanation of the Book*. London: Henry E. Walter, 1966.

Seiss, Joseph A. *Voices from Babylon*. Filadelfia: Castle Press, 1879.

Tan, Paul Lee, comp. *Encyclopedia of 7700 Illustrations*. Rockville, Md.: Assurance Publishers, 1979.

Tyler, Alexander. Decline and Fall of the Athenian Republic, 1748-1813. S. l., s. f.

Unger, Merrill F. *Biblical Demonology*. Wheaton, Ill.: Van Kampen Press, 1952.

Walvoord, John. *Daniel, Key to Prophetic Revelation*. Chicago: Moody Press, 1971.

ACERCA DEL AUTOR

DAVID JEREMIAH es el fundador de Turning Point, un ministerio internacional cuyo propósito es brindarles a los cristianos una enseñanza bíblica sólida a través de la radio y la televisión, Internet, conferencias, materiales y libros. Es autor de más de cincuenta libros, entre ellos: *Vencedores*, *Una vida más que maravillosa*, *¿Es este el fin?*, *The Spiritual Warfare Answer Book* [Respuestas sobre la guerra espiritual], *David Jeremiah Morning and Evening Devotions* [Devocional matutino y vespertino de David Jeremiah], *Airship Genesis Kids Study Bible* [Aeronave Génesis: Biblia de estudio para niños] y *The Jeremiah Study Bible* [Biblia de estudio Jeremiah].

El doctor Jeremiah sirve como pastor principal de la iglesia Shadow Mountain Community Church en San Diego, California, donde reside con su esposa, Donna. Tienen cuatro hijos adultos y doce nietos. Más información en DavidJeremiah.org.

Mantente conectado con el ministerio de enseñanza del

DR. DAVID JEREMIAH

Publicación | Radio | En línea

Tu Momento Decisivo Devocional diario

Recibe un devocional diario del doctor Jeremiah electrónicamente que fortalecerá su caminar con Dios y te animará a vivir la auténtica vida cristiana.

¡Regístrate hoy para tu devocional electrónico gratis!
www.MomentoDecisivo.org

Aplicación móvil de Momento Decisivo

Accede a las enseñanzas del doctor David Jeremiah, predicaciones de audio, devocionales y más… ¡Donde quiera que estés!

¡Descarga la aplicación gratuita hoy mismo!
www.MomentoDecisivo.org/App

OTROS MATERIALES DEL DOCTOR JEREMIAH

· · · · · · · ·

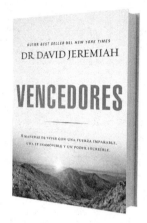

Vencedores

Descubre las herramientas para convertirte en un vencedor en todos los sentidos de la palabra; con plena confianza en que Dios te preparará para superar las pruebas y las tentaciones que puedan cruzarse en tu camino. En este libro inspirador y práctico, el doctor David Jeremiah utiliza la armadura de Dios que Pablo describe en su epístola a la iglesia de Éfeso para explicar el camino hacia la victoria.

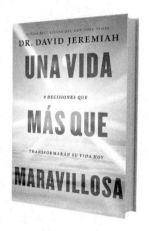

Una vida más que maravillosa

Las noticias desalentadoras, la adversidad personal y el trabajo duro de la vida diaria a menudo nos impiden vivir la vida que Dios tiene para nosotros. En su libro *Una vida más que maravillosa*, el doctor David Jeremiah nos insta a superar estas cosas, y nos hace ver una vida de bendiciones más allá de nuestra comprensión. Comparte nueve rasgos, basados en el fruto del Espíritu, que la iglesia necesita hoy, y nos enseña que Dios desea que vivamos más allá de lo maravilloso mientras esperamos Su regreso.

Libros escritos por David Jeremiah

· · · · · · · ·

- *Un giro hacia la integridad*
- *Un giro al gozo*
- *Escape de la noche que viene*
- *Regalos de Dios*
- *Invasión de otros dioses*
- *El anhelo de mi corazón*
- *Aplaste a los gigantes que hay en su vida*
- *Señales de vida*
- *¿Qué le pasa al mundo?*
- *El Armagedón económico venidero*
- *¡Nunca pensé que sería el día!*
- *¿A qué le tienes miedo?*
- *Agentes de Babilonia*
- *El libro de las señales*
- *¿Es este el fin?*
- *Vencedores: 8 maneras de vivir con una fuerza imparable, una fe inamovible y un poder increíble*
- *Una vida más que maravillosa*
- *Todo lo que necesitas*